RAÍZES E DESAFIOS

A HISTÓRIA E A CULTURA AFRO NA EDUCAÇÃO INFANTIL DE CENTRAL DO MARANHÃO

Editora Appris Ltda.
1.ª Edição - Copyright© 2025 dos autores

Catalogação na Fonte
Elaborado por: Josefina A. S. Guedes
Bibliotecária CRB 9/870

	Louzeiro, Alberto Cesar Abreu
L895r 2025	Raízes e desafios: a história e a cultura afro na educação infantil de Central do Maranhão / Alberto Cesar Abreu Louzeiro, Roziane Brito Oliveira Mota. - 1. ed. - Curitiba: Appris, 2025. 87 p. ; 21 cm. - (Educação, tecnologias e transdisciplinaridade).
	Inclui bibliografia. ISBN 978-65-250-8314-8
	1. Educação infantil. 2. Negros - Educação - História. 3. Cultura Afro-brasileira. I. Mota, Roziane Brito Oliveira. II. Título. III Série.
	CDD - 372.21

Livro de acordo com a normalização técnica da ABNT

Appris editorial

Editora e Livraria Appris Ltda.
Av. Manoel Ribas, 2265 – Mercês
Curitiba/PR – CEP: 80810-002
Tel. (41) 3156 - 4731
www.editoraappris.com.br

Printed in Brazil
Impresso no Brasil

Alberto Cesar Abreu Louzeiro
Roziane Brito Oliveira Mota

RAÍZES E DESAFIOS

A HISTÓRIA E A CULTURA AFRO NA EDUCAÇÃO INFANTIL DE CENTRAL DO MARANHÃO

Appris editora

Curitiba, PR
2025

A Deus, meu Pai, que sempre me acompanhou e iluminou meus caminhos com muita sabedoria.

À minha mãe, Alderina Abreu Louzeiro (Dona Deca – in memoriam), que sempre deu o seu melhor para que eu chegasse até aqui. A meu pai, Benedito Louzeiro.

A meus irmãos, irmãs, sobrinhos e amigos, pelo grande incentivo.

À minha filha, Laura Louzeiro, a filha que Deus me presenteou e a quem sou eternamente grato.

À amiga professora doutora Clênia de Jesus Pereira Santos, que prefaciou este livro e pelo incentivo para continuar estudando e publicando.

À amiga Roziane Brito, que compartilhou comigo este sonho de publicação deste livro tecendo sobre a educação infantil.

A Deus a quem devemos todas as nossas ações.

AGRADECIMENTOS

A Deus, meu Pai, que sempre me acompanhou e iluminou meus caminhos com muita sabedoria.

À minha mãe, Alderina Abreu Louzeiro (Dona Deca – in memoriam), que sempre deu o seu melhor para que eu chegasse até aqui.

A meu pai, Benedito Louzeiro.

A meus irmãos, irmãs, sobrinhos e amigos, pelo grande incentivo.

À minha filha, Laura Louzeiro, a filha que Deus me presenteou e a quem sou eternamente grato.

À amiga professora doutora Clênia de Jesus Pereira Santos, que prefaciou este livro e pelo incentivo para continuar estudando e publicando.

À amiga Roziane Brito, que compartilhou comigo este sonho de publicação deste livro tecendo sobre a educação infantil.

Agradeço, primeiramente, a Deus, por Sua infinita bondade e por iluminar todos os passos da minha vida.

Ao meu pai (*in memoriam*), cuja memória permanece viva em meu coração e que continua sendo uma fonte de inspiração para mim.

À minha mãe, Raimunda Barros, por seu amor.

Aos meus filhos, Pedro Lucas, Lara Vitória e Bernardo, que são minha maior alegria e motivação para seguir em frente.

Ao meu marido, Gessivaldo Mota, pelo apoio, carinho e por ser meu companheiro de vida.

E ao meu grande amigo Alberto Louzeiro, pela amizade.

Ninguém nasce odiando outra pessoa pela cor da sua pele,
por sua origem, ou ainda pela sua religião.

Para odiar, as pessoas precisam aprender,
e se podem aprender a odiar, podem aprender a amar.

(Nelson Mandela)

APRESENTAÇÃO

O livro *Raízes e desafios: a história e a cultura afro na educação infantil de Central do Maranhão* apresenta um estudo relevante e urgente sobre a inclusão da história e cultura afro no contexto da educação infantil, com foco específico na cidade de Central do Maranhão. A obra propõe discutir como a integração dessa temática no currículo educacional pode contribuir para a promoção da conscientização, do respeito e da valorização da diversidade cultural entre as crianças.

Trata-se de um tema que, além de ser um direito de todos os cidadãos, também é uma necessidade para a formação de uma sociedade mais justa e igualitária. Para isso, é importante analisar como a escolha de um currículo educacional pode refletir e incorporar a história e a cultura afro nas suas diretrizes e práticas pedagógicas. Assim, o livro busca apontar possíveis desafios enfrentados pelos educadores na implementação dessa abordagem, considerando as especificidades locais e as condições do sistema educacional da região.

Reconhecer essas dificuldades é fundamental para traçar caminhos mais eficazes na promoção de uma educação inclusiva. Contudo, essa proposta vai além, por meio de sugestões de soluções concretas e estratégias pedagógicas que possam ser adotadas pelos profissionais da educação infantil, de modo a tornar o ensino mais diversificado e representativo.

A valorização das raízes culturais afro-brasileiras não é apenas uma questão histórica, mas também uma oportunidade de construir um ambiente educativo mais plural, no qual as crianças possam se reconhecer nas histórias, nas tradições e nas expressões culturais que fazem parte da identidade nacional.

A importância dessa discussão transcende a esfera local de Central do Maranhão, alcançando uma visão mais ampla sobre os desafios enfrentados por diversas regiões do Brasil. A integração efetiva da história e cultura afro na educação infantil é um passo fundamental para a desconstrução de preconceitos e para o fortalecimento do respeito à diversidade. Ao enfrentar os desafios e propor soluções, este livro contribui significativamente para a construção de um sistema educacional mais inclusivo e representativo, refletindo a pluralidade da sociedade brasileira.

Ao longo deste livro, pretendemos oferecer aos leitores uma análise cuidadosa das práticas pedagógicas atuais, bem como sugestões práticas que podem ser aplicadas em diferentes contextos educacionais para superar os obstáculos identificados. O objetivo é que educadores, gestores e demais profissionais da educação possam se inspirar nas propostas apresentadas e, assim, transformar suas práticas em espaços ainda mais acolhedores e ricos em diversidade cultural.

A inclusão da história e cultura afro-brasileira na educação infantil é um tema de grande relevância, principalmente em um contexto como o de Central do Maranhão, onde a diversidade cultural precisa ser mais visibilizada e valorizada. A educação, como ferramenta de transformação social, tem a capacidade de moldar as novas gerações para que elas compreendam a pluralidade cultural do Brasil e, assim, desenvolvam um olhar mais inclusivo e respeitoso para com as diferenças.

É essencial que o currículo educacional seja capaz de refletir essa diversidade e, mais do que isso, promover uma verdadeira educação para a cidadania. O aprendizado sobre a história afro-brasileira deve ser abordado de forma crítica e significativa, para que as crianças se sintam parte dessa construção histórica e cultural, reconhecendo a importância da contribuição dos povos africanos na formação do Brasil. Ao fazer isso, não só se resgata uma parte importante da nossa história, mas também se fortalece o sentimento de pertencimento e identidade de todas as crianças, especialmente das que têm ascendência afro-brasileira.

Não obstante, a implementação dessa abordagem enfrenta desafios significativos, como a falta de materiais pedagógicos adequados e a necessidade de capacitação dos educadores. Muitos profissionais da educação, especialmente nas regiões mais distantes, ainda não têm acesso a uma formação que os prepare adequadamente para lidar com temas relacionados à história e cultura afro-brasileira. Para superar esses obstáculos, é crucial que haja investimentos em programas de formação continuada que incentivem os educadores a desenvolverem práticas mais inclusivas, que respeitem e valorizem a diversidade cultural de suas turmas.

Além disso, é importante que as escolas e os educadores criem um ambiente propício ao aprendizado da história afro-brasileira, utilizando recursos como livros, músicas, danças e outras expressões culturais que sejam acessíveis e significativas para as crianças. Dessa forma, o ensino se torna mais dinâmico e envolvente, promovendo uma compreensão mais profunda e duradoura dos temas abordados. As práticas pedagógicas devem ser variadas e adaptáveis, permitindo que as crianças se conectem com o conteúdo de forma pessoal e significativa.

A resistência à inclusão de temas relacionados à cultura afro-brasileira nas escolas ainda é um desafio a ser superado, especialmente em locais onde prevalece uma visão monocultural da identidade brasileira. No entanto, é fundamental que essa resistência seja enfrentada com diálogo e ações concretas.

A conscientização da comunidade escolar sobre a importância da diversidade cultural e a promoção de uma educação inclusiva são passos importantes para que a mudança aconteça. Quando as escolas se tornam espaços que acolhem todas as culturas e histórias, elas também se tornam locais de respeito, onde as diferenças são reconhecidas como elementos que enriquecem a convivência social.

O reconhecimento da contribuição afro-brasileira não se limita à valorização de heróis históricos, mas também à celebração das diversas manifestações culturais que, ao longo dos séculos, foram incorporadas ao tecido social brasileiro. Por meio do estudo dessas manifestações, as crianças aprendem sobre a riqueza da diversidade que existe no Brasil e podem se orgulhar da pluralidade cultural que forma a nossa identidade nacional. Ao ensinar sobre o legado afro-brasileiro, as escolas também desempenham um papel crucial na desconstrução de preconceitos e na promoção da igualdade racial.

A implementação de uma educação mais inclusiva e diversa beneficia não apenas as crianças afro-brasileiras, mas também todos os alunos, que aprendem desde cedo a respeitar e valorizar as diferenças. Esse tipo de formação prepara as novas gerações para um mundo mais justo e igualitário, no qual pessoas de diferentes origens culturais convivem de forma harmoniosa e colaborativa.

Por fim, é importante destacar que, embora o caminho para a plena inclusão da história e cultura afro-brasileira na educação infantil ainda seja longo, as transformações podem começar de forma gradual e com o comprometimento dos educadores, gestores e comunidades escolares. Ao promover uma educação mais inclusiva e representativa, não estamos apenas ensinando história, mas também construindo uma sociedade mais justa e respeitosa, onde todos têm a oportunidade de se reconhecer e se orgulhar de sua herança cultural.

Assim, *Raízes e desafios* se configura como uma obra essencial para aqueles que desejam entender e contribuir para a construção de uma educação infantil mais inclusiva, que respeite e valorize todas as origens culturais presentes em nosso país, com um olhar atento para a história e cultura afro-brasileira, imprescindíveis para a formação integral das novas gerações.

PREFÁCIO

Inicio a escrita deste prefácio com uma frase da nossa querida Nilma Lino Gomes, ao prefaciar a obra *Como ser um educador antirracista*, de Bárbara Carine: "Bom mesmo seria que o racismo não existisse, pois isso implicaria a inutilidade/inexistência do antirracismo" (2023, p. 9). Na verdade, Nilma nos alerta para a seguinte questão: o antirracismo existe porque existe racismo.

Racismo e antirracismo são dois termos que você, leitora ou leitor, encontrará ao longo das páginas da obra *Raízes e desafios: a história e a cultura afro na educação infantil de Central do Maranhão*, escrita por Roziane Brito Mota Oliveira Mota — licenciada em letras e pedagogia e mestra em ciência da educação pela Universidad Tecnológica Intercontinental — e por Alberto Cesar Abreu Louzeiro, licenciado em pedagogia e mestrando pelo Programa de Pós-Graduação em Gestão de Ensino da Educação Básica (PPGEEB).

A obra apresenta uma narrativa fundamentada em epistemologias que evidenciam o processo de negação da história e memória dos afrodescendentes, desde a exclusão no currículo, a representação nos livros didáticos, até a ausência de formações continuadas que fortaleçam o repertório e a prática do corpo docente.

É notória na obra a relevância do cumprimento da Lei n.º 10.639/2003, sancionada em 9 de janeiro de 2003, a Lei que torna obrigatório o ensino da história e cultura africana e afro-brasileira no currículo da educação básica completou 22 (vinte e dois) anos de sua promulgação (Brasil, 2003). Apesar dos avanços visíveis, a implementação ainda é tímida, e os dados revelam essa realidade nos indicadores dos relatórios nacionais, além das pesquisas refletidas em trabalhos científicos que abordam a ausência de conhecimentos que potencializem os/as estudantes de origem africana. Trata-se do cumprimento urgente de um currículo afrocentrado, conforme propõe Molefi Kete Asante (2009), ou seja, centrado na cultura, na história e na perspectiva do povo negro, especialmente de ascendência africana. Para o autor, a afrocentricidade é uma proposta epistemológica que recoloca os africanos no centro de sua própria história, rompendo com a lógica eurocêntrica imposta pela colonialidade, ou seja, centrado na cultura, história e perspectiva do povo negro, especialmente de ascendência africana. Essa abordagem coloca a experiência negra no centro, buscando valorizar e celebrar a história, a cultura e as contribuições do povo africano e da diáspora africana.

É nessa perspectiva que a autora e o autor se debruçam ao delimitar, nesta obra, o campo da educação infantil, fase em que a criança deixa de se limitar à célula familiar e passa a conviver em outros espaços com outras crianças. É no diálogo com Gomes (2017) e Cavalleiro (2012), que vamos entender a importância da educação, da escola e, nesse contexto da educação infantil, em promover uma educação que incentive as crianças, sobretudo as negras, a apreciar sua imagem, reforçar a beleza de sua cor, de seu cabelo, de sua inteligência — ou seja, as coisas que elas são capazes de fazer e que fazem bem.

A obra destaca o papel relevante da educação e o processo amplo e complexo que envolve a construção de saberes culturais e sociais essenciais ao desenvolvimento das crianças, sobretudo as negras. A escola, como espaço privilegiado onde se desenvolve a educação formal, deve ser palco de formação de identidades, valores e conhecimentos que fazem parte do convívio cotidiano da comunidade escolar. No entanto, como afirmam os autores, é paradoxal que muitos educadores e educadoras concordem com essa visão e, ao mesmo tempo, neguem o papel fundamental da escola no trato com a diversidade étnico-racial das crianças. Como podemos pensar a escola brasileira, maranhense, especialmente centralense, desvinculada das relações raciais que fazem parte da história, cultura e memória ancestral dos afrodescendentes? Essas relações não podem ser vistas isoladamente, pois estão intrinsecamente ligadas à construção social da nossa nação (Gomes, 2005).

Nesse contexto, a presente obra reforça essa ideia ao apontar que a escola deve ser um espaço de reconhecimento e valorização da diversidade, promovendo uma educação antirracista que contribua para a desconstrução de preconceitos e estereótipos. A escola não pode se limitar a uma visão neutra ou indiferente às questões raciais, mas atuar ativamente na formação de uma sociedade mais justa e igualitária. Assim, pensar as relações raciais fora do conjunto das relações sociais é impossível, pois elas estão entrelaçadas na estrutura social, influenciando e sendo influenciadas por fatores históricos, culturais e políticos. Nesse sentido, uma educação pautada em uma abordagem afrocentrada e antirracista exige mudanças na concepção e em suas estratégias.

Assim, utilizando trechos da própria obra, a escrita se configura como essencial para aqueles que desejam entender e contribuir para a construção de uma educação infantil mais inclusiva, que respeite e valorize todas as origens culturais presentes em nosso país, com um olhar atento para a história e cultura afro-brasileira, imprescindíveis para a formação integral das novas gerações. Um pensamento inspirado na filosofia sankofa, que enfatiza a necessidade de não esquecer as raízes e tradições, mesmo quando se avança para o futuro.

A obra é bastante atual e está organizada nas seguintes trilhas: Tecendo raízes; Plantando diversidade; Caminhos para a aprendizagem; Desafios e encontros; Caminhos pedagógicos; Rumo ao futuro e últimos apontamentos. Além de um aporte teórico e metodológico inspirado em autores que discutem as questões raciais, apresenta estratégias que podem contribuir com o trabalho docente e a implementação da Lei 10.639/2003 no espaço da sala de aula.

Diante disso, a obra é recomendada para leitura e utilização no planejamento de professores e professoras de forma ampla, especialmente na cidade de Central do Maranhão.

Faço, assim, um convite aos/às professores/as negros/as e não negros/as para que leiam e reflitam sobre o lugar que ocupamos no campo da educação antirracista.

Professora doutora Clenia de Jesus Pereira dos Santos

Técnico da Secretaria de Estado da Educação do Maranhão com atuação na ERER e EEQ. Professora do Programa de Pós-Graduação Gestão de Ensino da Educação Básica da Universidade Federal do Maranhão.

SUMÁRIO

A HISTÓRIA AFRO NA EDUCAÇÃO INFANTIL

Tornar-se negro, portanto, é vencer inúmeros obstáculos, onde o referencial é sempre o mundo branco; é um desafio doloroso.

(Neusa Santos Souza)

A educação infantil é o primeiro passo na formação das crianças enquanto cidadãos conscientes, e é nesse momento que se planta a semente do respeito à diversidade e à pluralidade cultural. Neste capítulo, propomos uma reflexão sobre a importância de integrar a história e a cultura afro-brasileira no currículo educacional, especialmente na educação infantil.

Ao longo dos anos, a história afro-brasileira foi marginalizada, apagada e muitas vezes distorcida, criando uma lacuna no entendimento das crianças sobre sua própria identidade e sobre as origens de parte significativa da população brasileira. Nossa missão, como educadores, é justamente restaurar essa conexão essencial. As suas raízes culturais formam a base de muitas tradições que hoje fazem parte do cotidiano de todas as pessoas, independentemente de sua origem.

A culinária, a música, a dança, a religiosidade, as manifestações artísticas e as práticas sociais possuem um legado que precisa ser reconhecido e valorizado desde a infância. Incluir esse conhecimento nas primeiras experiências escolares é, portanto, um passo fundamental para a construção de uma sociedade mais justa e inclusiva.

Percebemos, como educadores atuantes na Educação Infantil, a importância de ensinar história não apenas como um conjunto de datas e fatos, mas como um processo que conecta o passado ao presente, criando uma continuidade entre as gerações. Ao incorporar a história afro-brasileira nas escolas, criamos um espaço de continuidade, onde as crianças podem se reconhecer e se conectar com a diversidade que compõe o país.

Não obstante, essa integração não é simples. Existem diversos desafios relacionados ao processo de ensinar a história afro-brasileira nas escolas. Primeiramente, é necessário reconfigurar o currículo escolar para incluir essas narrativas de forma significativa, que não se limite apenas ao mês da consciência negra ou a datas comemorativas. A educação infantil deve ser uma ferramenta de transformação real, que ensine de maneira profunda e contínua sobre as raízes e as contribuições afro-brasileiras.

A inclusão da história afro-brasileira no currículo escolar tem sido amplamente defendida por pensadores e pesquisadores renomados, que destacam a importância desse processo para a construção de uma sociedade mais inclusiva e plural. De acordo com a socióloga e pesquisadora Sueli Carneiro (2010), a educação é um dos principais meios para a desconstrução das desigualdades raciais e para a promoção da valorização da cultura afro-brasileira.

Carneiro (2010) argumenta que, ao omitir a história e a contribuição dos afrodescendentes, a escola reforça o apagamento de uma parte fundamental da formação da sociedade brasileira, perpetuando estereótipos e preconceitos.

No cenário de Central do Maranhão, as especificidades culturais da região também influenciam diretamente essa abordagem. A cidade é um exemplo de como, muitas vezes, a história e a cultura afro-brasileira não são refletidas de forma adequada no currículo educacional. A integração da história afro-brasileira enfrenta resistências, principalmente em áreas onde as questões raciais ainda são pouco discutidas e a educação inclusiva encontra obstáculos, seja pela falta de formação dos educadores ou pela carência de recursos didáticos apropriados.

Figura 1 – Praça da família de Central do Maranhão - MA

Fonte: arquivo pessoal do autor

É preciso superar esses desafios com sensibilidade e criatividade. Um exemplo de como podemos trabalhar a história afro-brasileira na educação infantil é a utilização de livros que contemplem personagens negros e narrativas que tragam a cultura afro para o centro da história. A literatura infantil é uma ferramenta poderosa de educação e pode ser utilizada para criar um imaginário plural e representativo.

Ao apresentar crianças negras como protagonistas de suas próprias histórias, contribuímos para a construção de um futuro em que a diversidade racial é não apenas aceita, mas valorizada. É sempre necessário considerar que a história afro-brasileira não é uma história isolada, mas uma história que se entrelaça com a história geral do Brasil.

Como Kabengele Munanga (2005), antropólogo e professor brasileiro-congolês, sugere que não se pode falar de uma história do Brasil sem mencionar a história do negro. Ao ensinar sobre a escravização, a abolição e as diversas formas de resistência dos negros ao longo da história, estamos criando um elo de compreensão entre o passado e o presente, além de educar as crianças para que possam reconhecer as injustiças e os avanços na luta por igualdade.

Durante nossa prática, como educadoras, percebemos que as crianças têm uma curiosidade natural sobre o que é diferente, sobre as origens de suas histórias e sobre os outros povos. Quando bem conduzido, esse interesse pode se tornar uma ferramenta poderosa de ensino.

Ao abordar a história e a cultura afro-brasileira de maneira respeitosa e envolvente, conseguimos não só educar as crianças sobre essas questões, mas também desenvolver nelas uma atitude de empatia e respeito em relação ao outro, algo essencial para a convivência em sociedade.

Um aspecto fundamental dessa abordagem é que a educação infantil deve ser um espaço de troca, de escuta e de reflexão. O diálogo sobre questões raciais, quando feito de forma lúdica e cuidadosa, permite que as crianças se envolvam de forma ativa com o tema. Além disso, ao construir esse ambiente de respeito à diversidade desde a primeira infância, contribuímos para que as futuras gerações desenvolvam uma visão mais crítica e informada sobre as questões raciais, diminuindo o preconceito e a discriminação.

Devemos considerar, ainda, que a construção dessa educação antirracista não deve partir apenas do discurso pedagógico, mas também das práticas cotidianas nas escolas. As crianças observam e vivenciam, a todo momento, as relações que se estabelecem entre elas, e é necessário que os educadores estejam atentos a essas dinâmicas.

O educador e historiador Dermeval Saviani (2015), um dos maiores nomes da pedagogia brasileira, também destaca a importância de integrar a história afro-brasileira desde a educação infantil. Para Saviani, a escola é um espaço de mediação cultural, onde as crianças podem ter acesso ao conhecimento de suas diversas origens culturais. Ele argumenta que, ao deixar de ensinar sobre a presença e a influência da cultura afro-brasileira, a escola não está cumprindo seu papel de formar cidadãos críticos e conscientes, capazes de compreender e respeitar as diferenças. A abordagem da história afro-brasileira nas escolas, segundo Saviani (2015), é fundamental para a construção de uma educação verdadeiramente democrática.

Muitas vezes, as próprias atitudes dos professores podem reforçar ou quebrar estereótipos raciais, sendo um reflexo direto da maneira como lidamos com a diversidade em nossas práticas pedagógicas. A metodologia de ensino precisa ser adaptada para que todos os alunos, independentemente de sua origem, sintam-se valorizados e representados. Isso inclui não apenas o uso de materiais pedagógicos adequados, mas também a promoção de uma educação que celebre as diferentes culturas que compõem a sociedade brasileira.

A história afro-brasileira deve ser ensinada com a mesma importância que qualquer outra parte da história do Brasil, com ênfase nas suas contribuições e no impacto que teve e tem na formação do nosso país. Todavia, devemos considerar a formação contínua dos educadores. A capacitação de professores para lidar com questões raciais e culturais é imprescindível para garantir que a história e a cultura afro sejam abordadas de forma sensível e adequada.

Isso envolve desde a revisão dos conteúdos didáticos até a capacitação emocional dos educadores, que precisam estar preparados para enfrentar as dificuldades e resistências que podem surgir ao abordar esses temas com crianças tão pequenas.

A pedagoga, antropóloga e educadora Nilma Lino Gomes, especialista em educaçao e igualdade racial, também enfatiza a importância de incorporar a história afro-brasileira ao currículo educacional, especialmente na infância. Segundo Gomes (2016) a educação infantil deve ser o espaço privilegiado para o aprendizado sobre a diversidade cultural, pois é nessa fase que as crianças desenvolvem suas percepções sobre o mundo.

Ela defende que, ao incluir temas como a história da escravidão, as contribuições culturais africanas e o movimento negro, as escolas ajudam a formar uma identidade mais inclusiva e plural, promovendo a igualdade de oportunidades para todos.

A educação infantil deve ser um espaço onde a própria história dos alunos possa ser reconhecida e valorizada. Em muitos casos, as crianças negras chegam à escola sem se reconhecer nas narrativas que lhes são apresentadas. Ao incluir histórias, músicas e manifestações culturais de origem afro-brasileira, ajudamos essas crianças a se sentirem representadas e a perceberem que sua história também faz parte da história de todos.

O educador Paulo Freire (2019), referência mundial em educação crítica e popular, sempre defendeu uma educação voltada para a conscientização e emancipação dos oprimidos. Para Freire, a educação deve ser um meio de combate às desigualdades e injustiças sociais, incluindo a valorização das culturas marginalizadas, como a afro-brasileira. Ele acreditava que uma educação que ignora as diversas heranças culturais presentes na sociedade, como a afro-brasileira, torna-se desumanizadora. Portanto, para Freire (2019), é essencial que a educação infantil trabalhe com as crianças a noção de que todas as culturas são importantes e merecem respeito.

Esse processo de "Tecer Raízes" também passa pela construção de uma identidade coletiva, onde as crianças se reconhecem não apenas como indivíduos, mas como parte de um todo maior que elas mesmas. A valorização da cultura afro-brasileira, portanto, não se limita ao ensino de uma história isolada de outros grupos, mas visa construir uma narrativa coletiva, plural e inclusiva. Esse é o verdadeiro desafio da educação infantil: fazer com que todos, independentemente de sua origem, sintam-se pertencentes.

Portanto, ao integrar a história e a cultura afro-brasileira na educação infantil, estamos contribuindo para a construção de um país mais plural e respeitoso, que reconhece e celebra sua diversidade. O objetivo é, antes de tudo, sensibilizar as crianças para a importância do respeito ao outro e para a compreensão de que, ao honrarmos as diferentes raízes culturais, estamos enriquecendo a sociedade como um todo.

O ensino da história e da cultura afro-brasileira na educação infantil vai além de uma simples inclusão de conteúdo. Ele representa um compromisso com a formação de cidadãos mais justos e empáticos, que compreendem o valor da diversidade e sabem que todos têm o direito de ser respeitados, independentemente de sua origem. Ao tecer essas raízes na educação, estamos construindo o futuro de um Brasil mais equânime e inclusivo para as gerações que virão.

A pesquisadora, filósofa, ativista e feminista Ângela Davis (2016) também contribui para essa discussão ao enfatizar o papel crucial da educação na formação de uma consciência crítica sobre a questão racial. Davis aponta que, para combater o racismo estrutural presente na sociedade, é necessário que, desde a infância, as crianças aprendam a reconhecer as contribuições afro-brasileiras e a importância do movimento negro na luta por direitos iguais. Para ela, a educação infantil, ao incluir essas questões, tem o poder de prevenir futuras atitudes discriminatórias e promover a construção de uma sociedade mais equitativa.

ESTRATÉGIAS PARA UM ENSINO INCLUSIVO

Uma criança negra traz na sua história
As características da cultura negra.
Com maior ou menor intensidade,
a força desses traços culturais se faz
sentir em todos os que dela fazem parte.

(Jeruse Romão)

A educação inclusiva vai além da simples adaptação de conteúdo ou da presença de alunos com necessidades específicas nas salas de aula. Ela envolve uma abordagem pedagógica que reconhece e celebra as diferenças, criando um ambiente de aprendizagem onde todos, independentemente de suas origens ou características pessoais, sintam-se valorizados e respeitados. Nesse contexto, o ensino da história e cultura afro-brasileira torna-se uma ferramenta poderosa para promover a inclusão e a construção de uma sociedade mais plural.

Promover uma educação infantil inclusiva e diversificada, que valorize a história e a cultura afro, é essencial para a construção de uma sociedade mais justa e equitativa desde os primeiros anos de vida. Nesse contexto, torna-se fundamental adotar estratégias e recursos pedagógicos que favoreçam a compreensão, o respeito e a valorização da diversidade étnico-racial. Segundo a professora universitária Dr.ª Nilma Lima Gomes, a educação é um ato político e, como tal, deve ser orientada pela promoção da equidade e pelo combate a todas as formas de discriminação.

A pesquisadora e educadora Lélia Gonzalez (2005), por exemplo, enfatiza a importância de um currículo que contemple as múltiplas identidades presentes no Brasil, com destaque para a afro-brasileira. Ela acredita que um ensino inclusivo deve ser construído a partir de práticas pedagógicas que reconheçam as especificidades de cada grupo e que incentivem os estudantes a questionar e desconstruir as desigualdades estruturais da sociedade.

Gonzalez (2005) defende que a formação dos educadores deve incluir uma compreensão profunda das questões raciais, para que possam aplicar estratégias pedagógicas que combinem respeito e valorização das culturas afro-brasileiras.

A inclusão não é apenas um direito dos alunos/as, mas também uma necessidade para o fortalecimento da educação. Quando as crianças têm a oportunidade de aprender sobre diferentes culturas, elas ampliam seus horizontes, desenvolvem uma visão mais crítica e empática sobre o mundo e, ao mesmo tempo, fortalecem sua própria identidade.

Ao integrar a história e a cultura afro-brasileira nas práticas pedagógicas, estamos, na verdade, plantando as sementes de uma sociedade mais justa e equilibrada. Como educadores, sabemos que os primeiros anos de vida escolar são fundamentais para a formação das crianças. Nessa fase, elas começam a compreender e a construir o seu lugar no mundo.

Portanto, é essencial que as escolas sejam ambientes que respeitem e valorizem a diversidade, oferecendo não apenas conteúdos, mas também experiências que promovam a reflexão das crianças sobre a pluralidade cultural. Para isso, é importante criar estratégias pedagógicas que possibilitem o ensino inclusivo, envolvendo os alunos de maneira ativa e criativa.

A professora Petronilha Beatriz Gonçalves e Silva (2018) destaca que a promoção de um ensino inclusivo começa pelo reconhecimento da diversidade étnico-racial como elemento constitutivo da identidade brasileira. Para ela, as escolas devem ir além da simples tolerância às diferenças e assumir uma postura ativa na valorização das culturas afro-brasileiras por meio de práticas pedagógicas intencionais.

Nesse sentido, a implementação da Lei 10.639/03 é vista como uma ferramenta essencial para integrar a história e a cultura afro-brasileira ao currículo escolar, não como tema isolado, mas como eixo transversal das disciplinas. As rodas de conversa, os trabalhos interdisciplinares e o uso de materiais que retratem a contribuição histórica dos povos negros ajudam a criar um ambiente mais plural, onde todos os estudantes se sintam respeitados e representados.

Segundo o sociólogo Valter Roberto Silvério (2003), as ações afirmativas na educação não são apenas mecanismos de reparação histórica, mas estratégias essenciais para o combate ao racismo estrutural. Silvério defende que o espaço escolar deve ser um local de disputa simbólica, onde os saberes marginalizados possam ganhar visibilidade e reconhecimento.

Ele propõe que a inserção de autores negros no conteúdo programático, o estudo de movimentos de resistência como o quilombola e o incentivo ao debate sobre desigualdades raciais contribuem para formar estudantes críticos e conscientes. A literatura infantil, nesse contexto, torna-se uma ferramenta poderosa ao permitir que as crianças se identifiquem com personagens negros e compreendam as complexidades das questões raciais desde os primeiros anos de vida.

Silvério (2002) também destaca que a presença de profissionais negros nas escolas — tanto no corpo docente quanto na gestão — é fundamental para ampliar a representatividade e fortalecer o pertencimento dos estudantes afrodescendentes. Para ele, a diversidade racial no ambiente escolar deve se refletir não apenas nos conteúdos, mas também nas relações e nas estruturas institucionais. A valorização de trajetórias negras de sucesso, a promoção de espaços de escuta e a visibilização de diferentes formas de saber são práticas que ajudam a desconstruir estigmas e a promover uma educação verdadeiramente inclusiva. Nesse sentido, a escola passa a ser um espaço não apenas de reprodução de conhecimento, mas de afirmação identitária e de transformação social.

A pesquisadora Luena Nascimento Nunes Pereira (2021), enfatiza a importância de trabalhar com narrativas afro-brasileiras na literatura infanto-juvenil como meio de valorização da identidade negra e combate ao preconceito. Para ela, ao apresentar personagens que representam diferentes contextos históricos e culturais da população negra, os livros ajudam a resgatar memórias coletivas e a promover autoestima entre estudantes afrodescendentes.

Pereira propõe que essas obras sejam discutidas de forma crítica em sala de aula, em atividades como rodas de leitura e dramatizações, criando pontes entre o conteúdo curricular e a vivência dos alunos. Assim, a literatura torna-se um espaço de reconstrução de imaginários e de fortalecimento das subjetividades.

Na mesma direção, a professora Marília Pinto de Carvalho (2009) ressalta que o enfrentamento das desigualdades raciais na escola depende diretamente da formação docente. Para ela, os professores precisam estar preparados para reconhecer as manifestações do racismo institucional e desenvolver estratégias pedagógicas que valorizem as múltiplas identidades presentes em sala.

Carvalho defende que a inclusão de conteúdos étnico-raciais deve ser acompanhada de uma postura reflexiva e empática por parte dos educadores, que também precisam reconhecer seus próprios vieses. A formação continuada, com foco em questões de gênero, raça e classe, é vista por ela como indispensável para garantir um ensino que respeite as diferenças e promova justiça social.

Esses pesquisadores apontam que o currículo deve incorporar a história, a cultura e as contribuições dos diversos grupos étnicos de forma transversal. Além da literatura, o uso de músicas, danças e manifestações culturais afro-brasileiras permite enriquecer o aprendizado e tornar a diversidade uma experiência concreta. Trabalhar com as tradições religiosas de matriz africana, a culinária ancestral e as festas populares de origem negra também contribuem para fortalecer a relação dos alunos com o território e com suas raízes culturais.

Nesse processo, o papel do educador é fundamental. Ele deve atuar como mediador do conhecimento e facilitador da convivência, promovendo espaços de escuta e diálogo entre os estudantes. As práticas pedagógicas devem contemplar diferentes estilos de aprendizagem e envolver atividades diversificadas — como teatro, música, artes visuais e jogos — que permitam aos alunos expressarem sua identidade e interagirem com diferentes visões de mundo. Essas abordagens tornam o ensino mais significativo, especialmente para alunos historicamente invisibilizados nos espaços escolares.

Para garantir que essas práticas se consolidem, é essencial que as escolas criem espaços de formação, planejamento e partilha entre os profissionais da educação. A escuta ativa das famílias, a articulação com movimentos sociais e a participação da comunidade nas atividades escolares são estratégias que fortalecem os vínculos e ampliam o horizonte da aprendizagem. O ensino da cultura afro-brasileira não deve estar restrito ao calendário de datas comemorativas, mas ser um compromisso contínuo com a transformação da realidade educacional.

Ao adotar uma perspectiva decolonial e antirracista na educação básica, os professores contribuem não apenas para a formação intelectual dos alunos, mas também para a construção de uma sociedade mais justa e plural. A educação para a diversidade é um ato político e ético que exige sensibilidade, escuta e comprometimento. Celebrar todas as culturas e respeitar todas as histórias é, antes de tudo, reconhecer a dignidade de cada criança e reafirmar o direito de todas a uma educação que acolhe, representa e transforma.

A escola, como espaço social e formativo, precisa assumir o compromisso de combater o silenciamento histórico de vozes negras e indígenas, promovendo ações pedagógicas que reflitam o pluralismo cultural brasileiro. Isso significa abandonar práticas homogêneas e adotar abordagens que acolham a diversidade de narrativas, saberes e experiências dos estudantes. Ao tornar o currículo mais inclusivo, os educadores não apenas ampliam o repertório cultural dos alunos, mas também contribuem para a construção de uma identidade mais sólida e positiva, especialmente entre os estudantes que historicamente foram excluídos das representações escolares.

Outro ponto crucial é a reconstrução simbólica do espaço escolar. A presença de cartazes, murais, livros e obras artísticas que retratem a população negra em contextos positivos e diversos ajuda a formar uma nova percepção coletiva sobre a identidade negra. Essa mudança simbólica impacta diretamente a autoestima dos alunos afrodescendentes e desconstrói estigmas no imaginário social de toda a comunidade escolar. Além disso, projetos de valorização da cultura afro-brasileira podem ser desenvolvidos ao longo do ano letivo, promovendo feiras culturais, festivais temáticos e oficinas com artistas e lideranças negras.

Também é fundamental o fortalecimento de redes de apoio pedagógico para educadores que desejam implementar práticas antirracistas em sala de aula. A construção de coletivos escolares, a realização de grupos de estudos sobre diversidade e a troca de experiências entre professores de diferentes contextos fortalecem a prática docente e ajudam a superar o isolamento profissional. A inclusão precisa ser um projeto institucional, e não apenas uma iniciativa isolada de educadores sensíveis à causa.

Por fim, uma educação verdadeiramente inclusiva exige comprometimento ético e político das instituições escolares e dos sistemas de ensino. A transformação não se limita ao plano didático, mas deve se refletir na gestão democrática da escola, no acolhimento das famílias, na escuta ativa dos estudantes e na criação de políticas que garantam a equidade educacional. A escola inclusiva é aquela que reconhece e celebra todas as identidades, oferecendo a cada criança não apenas o direito de aprender, mas também o direito de ser plenamente quem ela é. Assim, plantar diversidade é cultivar humanidade.

Para o educador e psicopedagogo Vitor Gontijo, uma das principais estratégias para um ensino inclusivo é a utilização de metodologias ativas que promovam a participação dos estudantes e o protagonismo juvenil. Gontijo sugere que as escolas adotem práticas que permitam aos alunos/as não apenas aprender sobre outras culturas, mas também vivenciar e expressar essas culturas em sala de aula.

Ele propõe que atividades como rodas de conversa, apresentações culturais e a utilização de materiais didáticos diversos ajudem a construir um ambiente inclusivo, em que todos os estudantes se sintam representados e respeitados em suas identidades. Essa abordagem também é fundamental para a promoção de uma educação mais dinâmica, que estimule o pensamento crítico e a troca de experiências.

Uma das primeiras estratégias que adotamos em nossa prática pedagógica é a utilização de livros e materiais didáticos que reflitam a diversidade. A literatura infantil, em particular, é uma ferramenta eficaz para promover a inclusão. Ao apresentar livros que retratam personagens negros, a luta pela liberdade e as conquistas culturais dos negros no Brasil, conseguimos conectar as crianças com a realidade de muitos dos seus colegas e, ao mesmo tempo, ensinar-lhes sobre a importância da igualdade e do respeito.

A pedagoga e pesquisadora Diana Figueroa, conhecida por seu trabalho na área de educação inclusiva, destaca a importância de tornar as práticas pedagógicas mais sensíveis às necessidades de todos os alunos, especialmente aqueles de grupos historicamente marginalizados, como os afro-brasileiros. Figueroa defende que a educação deve ser centrada no aluno e suas experiências de vida, o que implica criar espaços educativos que acolham a diversidade e valorizem as histórias e culturas dos estudantes.

Ela sugere que a implementação de projetos interdisciplinares que envolvam o estudo da história afro-brasileira, acompanhados de práticas de escuta ativa e respeito pelas narrativas dos estudantes, pode ser uma estratégia eficaz para promover um ensino inclusivo e plural.

Na mesma linha, a pesquisadora e educadora Elza Fernandes aponta a necessidade de repensar a formação inicial e continuada dos professores, garantindo que estes sejam capacitados para lidar com a diversidade de seus alunos. Fernandes sugere que uma estratégia fundamental para um ensino inclusivo é a criação de um ambiente em que os educadores se sintam preparados para tratar as questões étnico-raciais com empatia e compromisso.

Isso inclui a adoção de metodologias e recursos pedagógicos que favoreçam a representatividade e a inclusão de saberes diversos no currículo escolar, bem como o desenvolvimento de práticas que envolvam a comunidade no processo de ensino-aprendizagem.

O currículo escolar deve ser revisado para incluir conteúdos que abordem a história, cultura e contribuições das diferentes etnias e grupos raciais. Isso permite que os estudantes conheçam a riqueza da diversidade e compreendam melhor as desigualdades históricas e sociais que afetaram esses grupos.

A leitura de livros escritos por autores de diferentes origens étnicas e raciais pode ampliar a visão de mundo dos alunos e promover a empatia. Essa diversidade literária também pode ser explorada por meio de debates e análises críticas em sala de aula.

Além disso, a escolha de histórias e materiais que contemplem as várias manifestações culturais afro-brasileiras, como a música, a dança e a religiosidade, ajuda a criar um ambiente mais plural e representativo. Ao ouvir músicas de artistas negros, ver representações artísticas de cultura afro ou até mesmo aprender sobre festas e tradições de origem africana, as crianças não apenas aprendem sobre outras culturas, mas também percebem que a diversidade faz parte do cotidiano.

Outro aspecto importante na implementação de um ensino inclusivo é garantir que os educadores estejam preparados para lidar com as questões raciais e culturais. A formação continuada dos educadores/as é essencial para que possam identificar suas próprias limitações e preconceitos, além de desenvolver competências para lidar com a diversidade dentro da sala de aula. Em muitas escolas, a abordagem sobre as questões raciais e culturais ainda é tímida, e os/as educadores/as precisam de mais ferramentas para enfrentar esse desafio.

Para isso, sugerimos que as escolas criem espaços de formação e reflexão contínua, onde os professores possam discutir questões raciais e culturais, e se preparar para aplicar estratégias pedagógicas que promovam um ensino inclusivo. Essa formação deve envolver o estudo de teorias sobre diversidade, bem como práticas concretas, como a adaptação de materiais, a criação de atividades interativas e a promoção de uma convivência respeitosa entre os/as alunos/as.

Além de trabalhar diretamente com a história e a cultura afro-brasileira, as educadoras devem estar atentas à dinâmica da sala de aula. Muitas vezes, os alunos trazem conceitos e preconceitos que, sem uma intervenção cuidadosa, podem se perpetuar. Por isso, é fundamental criar um ambiente de respeito e diálogo, onde as crianças possam expressar suas dúvidas e preconceitos, mas também aprender a ouvir e compreender o outro.

Atividades em grupo, debates e projetos colaborativos podem ser ferramentas eficazes para incentivar a troca de ideias e a construção de uma visão mais plural. Por exemplo, trabalhar com grupos de leitura ou rodas de conversa sobre temas relacionados à história afro-brasileira permite que as crianças se envolvam ativamente com o conteúdo, questionem estereótipos e compartilhem suas próprias experiências.

O papel do/a educador/a nesse processo é o de facilitador, guiando a reflexão, mas permitindo que as crianças expressem suas próprias ideias, sem julgamentos. As atividades pedagógicas devem ser diversificadas para atender aos diferentes estilos de aprendizagem dos/as alunos/as. O uso de arte, música, jogos e outras formas de expressão pode tornar o ensino mais inclusivo, ajudando a alcançar todos os/as alunos/as, independentemente de suas habilidades cognitivas ou formas de aprender.

Uma estratégia eficaz para o ensino inclusivo é também a utilização de projetos interdisciplinares. Ao integrar a história e cultura afro-brasileira em diversas áreas do conhecimento, como geografia, arte, ciências e matemática, conseguimos mostrar aos alunos que a diversidade cultural não é algo isolado, mas que permeia todas as esferas da vida.

Por exemplo, ao trabalhar com a culinária afro-brasileira em uma aula de ciências ou com as danças afro-brasileiras em uma aula de arte, as crianças conseguem perceber as diversas formas de expressão e o impacto que essa cultura teve e continua a ter na sociedade. Além disso, a valorização da cultura afro-brasileira deve ser vista como um compromisso diário, e não apenas como um conteúdo pontual.

Não podemos esperar apenas pelos meses de novembro para ensinar sobre a contribuição dos negros na formação do Brasil. A inclusão de temas como a resistência negra, a contribuição da cultura africana para a música brasileira ou o legado de grandes personalidades negras, como Zumbi dos Palmares, no currículo escolar deve ser constante, para que as crianças compreendam o impacto dessa história no presente. Ademais, a Lei n.º 10.639/2003, ao alterar a LDB n.º 9.394/96, inclui a obrigatoriedade de inserir o dia 20 de novembro no calendário escolar como Dia Nacional da Consciência Negra (Brasil, 2003).

As escolas também devem ser espaços seguros, onde todas as crianças, independentemente de sua origem, sintam-se acolhidas e respeitadas. Isso inclui a promoção de atitudes antirracistas e a criação de um ambiente no qual as diferenças não sejam vistas como obstáculos, mas como elementos enriquecedores. A educação inclusiva, portanto, envolve também o cuidado com o ambiente escolar, com as relações de respeito e com a construção de uma cultura de paz. Isto também implica a inclusão da diversidade nos murais das escolas, nas identificações dos banheiros, sobretudo com representação das crianças negras.

Sabemos que a mudança nesse sentido não acontece de forma rápida ou fácil, mas, com paciência, dedicação e empenho, é possível construir uma educação que realmente valorize e promova a diversidade. O compromisso das educadoras é, sem dúvida, um dos pilares desse processo. Elas são responsáveis por criar os espaços, as oportunidades e as estratégias que permitirão que as crianças aprendam sobre o valor da diversidade, não como um conceito distante, mas como parte de suas próprias vidas. Plantando as sementes da diversidade desde os primeiros anos de educação, as educadoras não apenas formam cidadãos mais conscientes e respeitosos, mas também contribuem para a construção de um futuro mais igualitário e equitativo.

Ao adotar práticas pedagógicas inclusivas e ensinar a história e a cultura afro-brasileira de forma significativa, estamos preparando as futuras gerações para enfrentar os desafios de um mundo plural, onde o respeito e a valorização da diversidade serão sempre as bases para uma convivência respeitosa.

Portanto, a missão de educar de forma inclusiva é mais do que uma responsabilidade pedagógica; é um compromisso com a construção de uma sociedade mais justa, onde todas as raízes, todas as culturas e todas as histórias sejam celebradas e respeitadas. Em cada gesto, em cada aula, em cada atividade, estamos plantando a diversidade que florescerá em um futuro mais igualitário para todos.

A filósofa e educadora Marilene Proença, referência em educação inclusiva, defende que o ensino deve ser um espaço de acolhimento e construção coletiva, onde todas as culturas são respeitadas. Proença sugere que as escolas adotem uma abordagem de currículo flexível, capaz de integrar diferentes saberes e formas de expressão. Ela argumenta que uma estratégia eficaz de ensino inclusivo deve incluir a valorização das narrativas culturais locais e nacionais, como forma de promover o reconhecimento da diversidade étnica e cultural presente na sociedade brasileira. Essa abordagem, para ela, é essencial para que todos os estudantes se sintam reconhecidos e valorizados no ambiente escolar, independentemente de sua origem.

CAMINHOS PARA A APRENDIZAGEM

DIREITOS E CAMPOS DE EXPERIÊNCIA NA EDUCAÇÃO INFANTIL

Investir em inclusão escolar é o que vai educar nossa sociedade para quebrar essa roda da exclusão e incluir as pessoas com deficiência em todos os lugares.

(Andréa Werner)

A Educação Infantil é um dos primeiros espaços formais de aprendizagem e desempenha um papel fundamental no desenvolvimento de crianças, especialmente no que se refere ao reconhecimento de suas identidades, culturas e direitos. No contexto da educação infantil em Central do Maranhão, é essencial que se compreenda a importância de construir ambientes de aprendizagem que respeitem e promovam os direitos das crianças, de maneira inclusiva e respeitosa às diversas culturas presentes.

A Lei de Diretrizes e Bases da Educação Nacional – LDB n.º 9394/96 estabelece que é direito da criança aprender, expressar-se e ser respeitada em suas particularidades, e isso deve ser contemplado desde os primeiros anos de vida. A Base Nacional Comum Curricular (BNCC) é um documento que organiza os direitos e os campos de experiência na Educação Infantil.

A Base Nacional Comum Curricular (BNCC) é um dos pilares da educação no Brasil, estabelecendo diretrizes para as práticas pedagógicas e a organização curricular. No que diz respeito à Educação Infantil, a BNCC reconhece a importância de garantir que as crianças desenvolvam competências e habilidades não apenas cognitivas, mas também sociais, emocionais e culturais. Ela enfatiza o direito das crianças de aprender sobre sua identidade, sobre o mundo ao seu redor e de se engajar com a diversidade cultural, racial e étnica, incluindo a história e cultura afro-brasileira.

De acordo com a BNCC, os educadores devem promover ambientes de aprendizagem que estimulem a convivência respeitosa, o reconhecimento da diferença e o desenvolvimento da empatia. Essa diretriz garante que a educação infantil assegure à criança o direito ao desenvolvimento integral, considerando suas necessidades afetivas, cognitivas, sociais e culturais.

Dentre os campos de experiência delineados, destacam-se a "O Eu, o Outro e o Nós", "Corpo, Gestos e Movimentos", "Escuta, Fala, Pensamento e Imaginação", "Espaços, Tempos, Quantidades, Relações e Transformações" e "Mundo Social e Natural". Esses campos são fundamentais para garantir que as crianças não apenas aprendam conteúdos acadêmicos, mas também se desenvolvam como cidadãos críticos, respeitosos e conscientes de suas identidades culturais.

Dentro da BNCC, a educação infantil é vista como um processo de construção do conhecimento, no qual a criança é protagonista de seu aprendizado, tendo seus direitos sempre respeitados. A Lei n.º 10.639/03, que obriga o ensino da História e Cultura Afro-Brasileira nas escolas, está alinhada com a BNCC, que prevê a promoção da diversidade em todos os campos de experiência (Brasil, 2003).

A legislação educacional, juntamente com a BNCC, orienta os educadores a trabalharem com as crianças de forma que reconheçam e respeitem as diferentes culturas, especialmente a afro-brasileira, ampliando os horizontes culturais desde os primeiros anos de escolarização.

A história e a cultura afro-brasileira por exemplo, devem ser integradas a esses campos de experiência, promovendo a conscientização das crianças sobre a diversidade racial e a importância da valorização da cultura afro-brasileira. Essa abordagem não só reflete a nossa realidade social, como também atende aos preceitos legais, como a Lei n.º 10.639/03, as Diretrizes Curriculares Nacionais para a Educação das Relações Étnico-Raciais e para o Ensino da História e Cultura Afro-Brasileira e Africana (Brasil, 2004), o Parecer 03/2204, de 10 de março, do Conselho Pleno do CNE, e o Plano Nacional de implementação da Educação das Relações Étnico-Raciais e para o Ensino da História e Cultura Afro-Brasileira e Africana, que torna obrigatório a inclusão do ensino da História e Cultura Afro-Brasileira nas escolas.

A formação de uma identidade positiva e representativa é um direito da criança e deve ser promovida de forma efetiva nas práticas pedagógicas. Em Central do Maranhão, a aplicação de tais princípios torna-se ainda mais crucial, pois a realidade local é marcada por uma grande diversidade cultural, e a educação precisa refletir essa pluralidade. Ao integrar os saberes e as práticas culturais locais, como as influências das culturas afro-brasileira e indígena, os educadores podem criar um ambiente mais inclusivo e respeitoso para todos os alunos.

Dentro desse contexto, a legislação educacional também estabelece diretrizes que buscam garantir um atendimento integral e inclusivo a todas as crianças. O Decreto n.º 7.611/2011, por exemplo, regulamenta a inclusão de conteúdos sobre a cultura afro-brasileira e indígena nas escolas, destacando a importância de incluir essas temáticas no currículo escolar.

A implementação dessa legislação visa corrigir distorções históricas e proporcionar um ensino que valorize a diversidade e promova a igualdade racial e social. Para que os direitos de aprendizagem das crianças sejam respeitados, é necessário que os educadores adotem práticas pedagógicas que envolvam a escuta ativa, a construção de saberes coletivos e a valorização das experiências culturais dos alunos.

A educação infantil, assim, não pode ser vista apenas como um espaço de preparação para o ensino fundamental, mas como um ambiente essencial para o fortalecimento da cidadania e da consciência cultural. A legislação também enfatiza a importância de garantir o acesso à educação para todas as crianças, independentemente de sua origem social, étnica ou econômica.

A Lei n.º 13.005/2014, que aprova o Plano Nacional de Educação, reafirma que a educação infantil deve ser universalizada e que todas as crianças têm direito a uma educação que respeite suas particularidades e potencialidades. O cumprimento desses direitos é fundamental para a construção de uma sociedade mais justa e igualitária.

Essa legislação reforça a importância de garantir o direito à educação infantil a todas as crianças brasileiras, com foco na universalização do atendimento. Essa lei tem como objetivo reduzir as desigualdades educacionais, garantindo que todas as crianças, especialmente as que vivem em situação de vulnerabilidade social, tenham acesso a uma educação de qualidade.

A integração dos direitos de aprendizagem, previstos na BNCC, com as diretrizes do PNE, tem sido fundamental para promover uma educação que não apenas forma as crianças em termos acadêmicos, mas também contribui para a sua formação cidadã e cultural, respeitando as particularidades de cada região, como a de Central do Maranhão.

Em Central do Maranhão, os/as educadores/as enfrentam desafios específicos na implementação desses direitos devido à carência de recursos, infraestrutura e formação contínua dos profissionais. No entanto, é possível observar que, quando a comunidade escolar se envolve no processo, os resultados começam a aparecer. A valorização da cultura afro-brasileira nas práticas pedagógicas é uma das formas de promover uma educação mais inclusiva que respeita e reflete a diversidade cultural local.

Além disso, o trabalho pedagógico que valoriza a cultura afro-brasileira não deve ser limitado a um único momento do ano ou a um único tema. Pelo contrário, ele deve ser transversal, permeando todas as áreas do conhecimento e sendo abordado de maneira contínua ao longo de todo o percurso educacional da criança. Assim, a cultura afro-brasileira não será tratada como algo exótico ou isolado, mas como uma parte integrante da história e da identidade nacional.

O direito à educação infantil também é garantido pela Constituição Federal de 1988, que, em seu artigo 208, estabelece que o ensino deve ser ministrado com base na igualdade de condições para o acesso e permanência na escola. Isso implica a necessidade de políticas públicas que garantam não apenas a matrícula, mas também a qualidade da educação oferecida, respeitando a diversidade cultural, social e étnica das crianças.

A educação infantil em Central do Maranhão deve refletir a busca por igualdade de direitos e valorizar a cultura local e nacional, especialmente a cultura afro-brasileira. As escolas devem ser espaços de acolhimento e aprendizagem, onde as crianças possam desenvolver sua identidade, ampliar seus horizontes culturais e tornar-se protagonistas de seu próprio processo de aprendizagem.

A legislação brasileira, com suas diversas normas e decretos, fornece as bases para que isso aconteça. No entanto, é fundamental que os educadores e gestores escolares estejam constantemente atualizados e comprometidos com a aplicação dessas leis, adaptando-as à realidade local e buscando sempre melhorar o processo educativo.

Assim, Central do Maranhão poderá continuar avançando em sua trajetória rumo a uma educação inclusiva e respeitosa, que celebre a riqueza da cultura afro-brasileira e garanta os direitos de todas as crianças. É importante ressaltar que a educação não é um processo linear ou simples, mas um caminho que deve ser trilhado com cuidado, responsabilidade e comprometimento. Ao integrar os direitos de aprendizagem e os campos de experiência, os educadores têm a oportunidade de transformar a realidade educacional das crianças, proporcionando um futuro mais inclusivo, justo e respeitoso para todos.

DESAFIOS E ENCONTROS

A EDUCAÇÃO INFANTIL EM CENTRAL DO MARANHÃO

Ninguém caminha sem aprender a caminhar, sem aprender a fazer o caminho caminhando, refazendo e retocando o sonho pelo qual se pôs a caminhar.

(Paulo Freire)

A educação infantil em Central do Maranhão, assim como em diversas outras localidades do Brasil, enfrenta desafios constantes ao tentar incorporar a diversidade cultural e histórica nas práticas pedagógicas. Contudo, uma das conquistas mais significativas tem sido a crescente inclusão da história e da cultura afro-brasileira no currículo educacional.

Essa inclusão reflete a conscientização crescente sobre a importância de respeitar e valorizar todas as culturas que compõem a sociedade brasileira. No caso específico de Central do Maranhão, é fundamental para refletir a pluralidade cultural local, marcada pela forte presença da cultura afrodescendente.

O currículo educacional em Central do Maranhão demonstra um compromisso crescente com a promoção da diversidade, especialmente no que se refere à integração da "maranhensidade", conceito que engloba a identidade cultural, social e histórica única do estado.

Este conceito é central na construção do currículo, que busca refletir as influências africanas, indígenas e europeias que compõem a cultura maranhense. No entanto, a implementação de um currículo que respeite e promova a diversidade étnica e cultural da região não é tarefa simples, exigindo esforços contínuos em termos de formação de educadores, desenvolvimento de materiais didáticos e adaptação das práticas pedagógicas.

Além de reconhecer as especificidades culturais locais, o currículo de Central do Maranhão também tem dado atenção à inclusão da história e cultura afro-brasileira de maneira significativa. A inclusão da história da África e da diáspora africana na educação infantil é um passo importante para desmistificar estereótipos e preconceitos, além de promover uma compreensão mais precisa das contribuições dos afrodescendentes para a formação da sociedade brasileira.

Essa abordagem não se limita a adicionar conteúdo específicos ao currículo, mas visa à desconstrução de ideias preconceituosas que moldam a visão de mundo das crianças, promovendo um entendimento mais justo e amplo da história e da sociedade.

A integração de atividades práticas e artísticas no ensino da história e cultura afro-brasileira é um aspecto importante na educação infantil de Central do Maranhão. Oficinas de dança, música, culinária e artesanato, que têm raízes nas tradições afro-brasileiras, oferecem aos alunos a oportunidade de se envolver ativamente com a cultura, tornando o aprendizado mais significativo e concreto.

Essas atividades, além de enriquecerem o currículo, contribuem para a formação de uma identidade cultural positiva, permitindo que as crianças se sintam representadas e valorizadas.

Entretanto, a inclusão efetiva da história e cultura afro-brasileira nas práticas pedagógicas em Central do Maranhão ainda enfrenta desafios consideráveis. A formação de professores é um desses desafios. De acordo com o autor Kabengele Munanga (2005), um dos maiores obstáculos na educação é repensar e reformular os currículos para que a perspectiva africana e afro-brasileira seja tratada de forma integrada, e não como uma disciplina isolada.

Muitos educadores, especialmente nas áreas mais distantes, não possuem formação adequada sobre a história e a cultura afro-brasileira, o que pode resultar em abordagens superficiais ou, em alguns casos, em práticas pedagógicas que acabam perpetuando estereótipos e preconceitos.

A falta de conhecimento e de formação específica também impede que os educadores abordem de maneira precisa e respeitosa os temas relacionados à história e cultura afro-brasileira. Quando a formação sobre esse tema é insuficiente, os educadores podem recorrer a práticas equivocadas ou até mesmo reforçar preconceitos raciais.

Por isso, é essencial que os programas de formação continuada dos professores incluam uma abordagem abrangente sobre a história, cultura e contribuições afro-brasileiras, para que os educadores possam ensinar com clareza e respeito.

Outro desafio importante é a escassez de materiais didáticos de qualidade que abordem de forma adequada a história e a cultura afro-brasileira. Os materiais disponíveis em muitas escolas de Central do Maranhão, assim como em várias regiões do Brasil, frequentemente não refletem de maneira justa e equilibrada a diversidade racial e cultural do país. Em muitos casos, os professores precisam buscar alternativas para criar seus próprios recursos, o que demanda tempo e esforço adicionais. Assim, a produção de materiais pedagógicos que representem com precisão e respeito a cultura afro-brasileira é uma necessidade urgente.

Além disso, a resistência de algumas instituições de ensino à inclusão da história e cultura afro-brasileira em seus currículos é um obstáculo significativo. Algumas escolas podem ser relutantes em adotar essas mudanças devido a preconceitos enraizados ou à falta de compreensão sobre a importância dessa abordagem para o desenvolvimento social e cultural das crianças.

Essa resistência muitas vezes está relacionada a questões políticas e burocráticas, dificultando a implementação de práticas pedagógicas inclusivas e a efetiva incorporação da história afro-brasileira no currículo. A resistência não se limita às instituições de ensino; muitos estudantes também podem demonstrar resistência ou desconforto ao discutir temas relacionados à história e cultura afro, especialmente quando não tiveram contato prévio com essas questões.

Os educadores precisam estar preparados para lidar com essas reações de forma sensível, utilizando estratégias pedagógicas criativas que tornem os conteúdos mais acessíveis e interessantes para todos os alunos. A pressão para cumprir um currículo tradicional e as exigências de exames e avaliações externas também podem limitar o tempo disponível para a inclusão de temas como a história e cultura afro-brasileira.

Isso cria um desafio adicional para os educadores, que precisam equilibrar os conteúdos exigidos pelo sistema educacional com a necessidade de promover uma educação inclusiva e diversificada. O tempo limitado pode levar à superficialidade do tratamento dado a esses temas e comprometer o potencial da educação para combater o racismo e promover a igualdade racial.

É necessário, portanto, que os educadores desenvolvam abordagens pedagógicas interdisciplinares e criativas para tornar o aprendizado sobre a história e cultura afro mais envolvente e significativo. A BNCC fornece diretrizes importantes nesse sentido, sugerindo que a educação infantil deve ser vista como um espaço de desenvolvimento integral da criança, em que o respeito à diversidade cultural e étnica deve ser transversal a todas as áreas do conhecimento.

Implementar essas diretrizes de forma efetiva requer inovação pedagógica, apoio institucional e formação contínua. Outro ponto crucial no processo de inclusão da história e cultura afro-brasileira na educação infantil em Central do Maranhão é o papel da comunidade escolar. As escolas devem envolver a comunidade local na construção de um currículo que reflita a diversidade e as realidades culturais da região.

Isso pode ser feito por meio de parcerias com grupos comunitários afrodescendentes, movimentos sociais e organizações culturais, que podem contribuir com seus conhecimentos, vivências e materiais pedagógicos. A colaboração com a comunidade é uma forma de tornar o ensino mais contextualizado e relevante para as crianças.

Apesar dos desafios, os resultados da pesquisa sobre a inclusão da história e cultura afro-brasileira na educação infantil em Central do Maranhão são promissores. A pesquisa indica que, quando a educação sobre a cultura afro é integrada de forma consistente e planejada, ela pode contribuir para a formação de uma geração de crianças que valorizam a diversidade e respeitam as diferenças raciais e culturais. A conscientização desde a infância é uma ferramenta poderosa para combater o racismo e promover a igualdade racial em todas as esferas da sociedade.

A pesquisa também reforça a importância da conscientização e da formação contínua para educadores, sugerindo que ações eficazes para promover a inclusão da história e cultura afro-brasileira exigem uma combinação de formação pedagógica, desenvolvimento de materiais didáticos apropriados e o apoio da comunidade escolar. É fundamental que o currículo educacional de Central do Maranhão seja flexível o suficiente para integrar essas práticas de maneira contínua e significativa, sem se limitar a momentos isolados de ensino.

Além disso, a implementação efetiva da história e cultura afro-brasileira no currículo educacional de Central do Maranhão contribui para a construção de uma sociedade mais justa e igualitária. O conhecimento e o respeito pela diversidade racial e cultural que as crianças adquirem na infância têm um impacto duradouro em sua visão de mundo e na maneira como irão se relacionar com as diferenças ao longo da vida.

Portanto, promover a inclusão da história e cultura afro-brasileira nas escolas é um passo importante para a construção de um futuro mais inclusivo e livre de discriminação racial. A inclusão da história e cultura afro-brasileira nas práticas pedagógicas não é um processo isolado, mas um compromisso contínuo que envolve não apenas os educadores, mas também a comunidade, as políticas públicas e a sociedade em geral. Em Central do Maranhão, como em outras regiões do Brasil, esse compromisso pode ser um motor de transformação social, contribuindo para um modelo educacional mais justo, democrático e respeitoso da diversidade.

Assim, a inclusão da história e cultura afro-brasileira nas escolas de Central do Maranhão representa não apenas uma mudança pedagógica, mas também um movimento em direção a uma sociedade mais igualitária, na qual as crianças aprendem desde cedo a valorizar as diferenças e a construir um futuro sem discriminação racial.

Em Central do Maranhão, a formação de professores voltada para a inclusão da história e cultura afro-brasileira tem sido uma prioridade nas políticas educacionais municipais. A cidade tem investido em programas de capacitação e formação continuada para os educadores, com o objetivo de garantir que eles estejam bem-preparados para implementar a Lei n.º 10.639/03 e trabalhar de maneira eficaz com os temas relacionados à diversidade étnico-racial.

Esses programas são realizados tanto por meio de parcerias com instituições de ensino superior quanto com organizações e movimentos sociais que promovem a educação para a igualdade racial. Essas formações têm sido estruturadas de maneira a atender às necessidades dos/as educadores/as, proporcionando conhecimentos teóricos e práticos sobre a história e cultura afro-brasileira, bem como estratégias pedagógicas para lidar com as questões raciais no ambiente escolar.

Mediante cursos, oficinas e palestras, os professores têm a oportunidade de aprofundar-se em temas como a história da África, a diáspora africana, as contribuições dos afro-brasileiros para a formação do país e a desconstrução de estereótipos raciais. Além disso, a formação também aborda a importância de trabalhar com o racismo estrutural e de promover um ambiente escolar inclusivo e respeitoso.

A realização dessas formações em Central do Maranhão tem sido essencial para criar uma base sólida para a implementação de práticas pedagógicas mais inclusivas. Os professores têm a oportunidade de refletir sobre suas próprias atitudes em relação à diversidade e receber orientações sobre como lidar com possíveis resistências dentro da sala de aula, tanto por parte dos alunos quanto das próprias instituições de ensino. Esses espaços de capacitação têm sido fundamentais para sensibilizar os educadores sobre a importância de abordar a história e cultura afro-brasileira de forma integral e não como um tema isolado.

Além disso, a cidade tem buscado fortalecer as parcerias com a comunidade local, incluindo grupos de cultura afro-brasileira, movimentos sociais e entidades educacionais. Essas parcerias têm contribuído para o desenvolvimento de materiais didáticos mais representativos e para a promoção de práticas pedagógicas que refletem a diversidade cultural da região. Por meio dessas colaborações, os educadores têm acesso a recursos, histórias e vivências que enriquecem ainda mais o processo de ensino-aprendizagem, tornando-o mais contextualizado e significativo para as crianças.

Esses esforços, embora ainda estejam em processo de consolidação, têm demonstrado resultados positivos, com os professores cada vez mais preparados para trabalhar com as temáticas da história e cultura afro-brasileira. Ao investir na formação dos educadores, Central do Maranhão está não apenas cumprindo as exigências da legislação nacional, mas também contribuindo para a construção de uma sociedade mais justa e igualitária, na qual as diferenças são respeitadas e valorizadas desde a infância. O impacto dessa formação na educação infantil é visível na maneira como os educadores abordam a diversidade cultural e racial, criando um ambiente mais inclusivo e acolhedor para todas as crianças.

ESTRATÉGIAS E MÉTODOS PARA A VALORIZAÇÃO DA CULTURA AFRO NA EDUCAÇÃO INFANTIL

A valorização da história e cultura afro-brasileira na educação infantil é um desafio que exige, acima de tudo, a escolha de métodos pedagógicos que possam garantir que esse conteúdo seja tratado com respeito, profundidade e relevância. Em nossa prática pedagógica em Central do Maranhão, a busca por estratégias que favoreçam a construção de uma educação antirracista e inclusiva tem sido uma constante.

A aplicação de métodos pedagógicos adequados não apenas enriquece a formação das crianças, mas também as coloca em contato com suas origens, ajudando-as a desenvolver uma visão crítica sobre a sociedade e seu papel nela. Nosso trabalho tem se baseado em métodos que, além de transmitir conteúdo, promovem uma vivência ativa da cultura afro-brasileira.

Essa vivência ocorre por meio da música, da dança, da literatura, das artes visuais e de atividades que envolvem a prática da oralidade, tão característica das tradições africanas. Cada uma dessas formas de expressão torna-se um caminho pedagógico importante para a construção de uma educação que valorize as contribuições afro-brasileiras, não apenas de forma isolada, mas como parte integrante do processo de aprendizagem.

A educadora e pesquisadora Maria Lúcia da Silva, por exemplo, defende a criação de um currículo que inclua conteúdos sobre a história, a arte, as tradições e as contribuições culturais afro-brasileiras de forma transversal e interdisciplinar.

Silva sugere que a valorização da cultura afro-brasileira seja realizada por meio de atividades como contação de histórias, músicas, danças e práticas artesanais, que permitem que as crianças se conectem com as diversas manifestações culturais afro-brasileiras de forma lúdica e significativa.

Uma das principais estratégias utilizadas nas escolas de Central do Maranhão é o ensino por meio de projetos interdisciplinares. Ao adotar essa abordagem, busca-se integrar conteúdos relacionados à cultura afro-brasileira em diversas áreas do conhecimento, como História, Geografia, Artes e Linguagens. Dessa forma, as crianças não apenas aprendem sobre a cultura afro em momentos específicos, mas a têm como parte do seu cotidiano escolar (Silva, 2005).

Descolonizar os currículos é, de fato, um desafio significativo para a educação escolar. É fundamental reconhecer a rigidez das matrizes curriculares e o empobrecimento que muitas vezes ocorre devido a um enfoque excessivo no conteúdo. Para avançar nesse processo, é essencial promover um diálogo mais profundo entre a escola, o currículo e a realidade social em que estamos inseridos. Além disso, a formação de professores e professoras que sejam reflexivos e críticos é crucial para que possam abordar as culturas que foram negadas e silenciadas ao longo do tempo. Essa reescrita dos currículos não apenas enriquece a educação, mas também contribui para uma sociedade mais justa e inclusiva (Gomes, 2012).

Por exemplo, enquanto estudam a história da África, também podem explorar a geografia do continente, as músicas e danças típicas de diversas regiões e até experimentar alimentos e produtos da cultura afro-brasileira. Conforme sugere Petronília Silva em seu artigo Aprendizagem e Ensino das Africanidades Brasileiras, é possível desenvolver a história e a cultura africana e afro-brasileira em todas as áreas do conhecimento de forma interdisciplinar.

Esses projetos interdisciplinares criam um ambiente em que o conteúdo cultural afro-brasileiro é discutido e explorado em múltiplos aspectos, proporcionando uma compreensão mais rica e profunda para os alunos. A experiência vai além do simples conteúdo informativo, ela se traduz em vivências que permitem que as crianças internalizem esse aprendizado e o reproduzam no seu dia a dia. Um bom exemplo disso é a prática de oficinas culturais, como as de danças africanas, que se tornam espaços para as crianças explorarem o movimento, a música e a história de maneira lúdica. Tais elementos são marcadores das africanidades, ou seja, marcas daquilo que nos conecta, desde membros da nossa linhagem, práticas religiosas e espirituais, artísticas, de saúde, culinárias e arquitetônicas, presentes no cotidiano e na memória familiar e coletiva de todos os brasileiros, independentemente de sua cor de pele (Petit, 2016).

Outro caminho pedagógico importante é o uso de materiais didáticos diversificados e representativos, que apresentem personagens, histórias e narrativas que envolvem a cultura afro-brasileira. Muitos livros e recursos pedagógicos tradicionais ainda apresentam uma visão parcial e excludente da história, o que pode reforçar estereótipos e invisibilizar as contribuições de afrodescendentes para o Brasil.

São utilizados materiais que retratam a diversidade étnica, representando crianças negras, indígenas e de outras etnias em papéis de protagonismo, com histórias que destacam a riqueza cultural de nossas raízes africanas.

O sociólogo e pesquisador Flávio dos Santos Gomes (2017), especialista em educação e história afro-brasileira, propõe que a escola utilize a educação de memória como estratégia para a valorização da cultura afro. Gomes argumenta que, além de ensinar sobre os aspectos históricos da presença africana no Brasil, é fundamental dar visibilidade às conquistas e aos legados culturais das comunidades afro-brasileiras, muitas vezes invisibilizados nos livros didáticos tradicionais.

Ele sugere que a educação infantil pode ser um espaço privilegiado para a construção dessa memória, por meio de práticas como a criação de murais, dramatizações e encontros com membros da comunidade afro-brasileira local, permitindo que as crianças vivenciem e aprendam diretamente com as experiências culturais.

A utilização de livros e jogos que valorizam a diversidade também contribui para que as crianças se vejam refletidas nas histórias que leem e ouvem, o que fortalece sua identidade e autoestima. Trabalhar com textos que apresentam heróis e heroínas negros e negras, cientistas afro-brasileiros, líderes comunitários e religiosos é uma maneira poderosa de romper com os estereótipos negativos que ainda permeiam a formação infantil e de promover uma visão mais inclusiva e plural da sociedade.

Além disso, as atividades artísticas são uma estratégia eficaz para que as crianças se conectem com a cultura afro-brasileira de maneira tangível e criativa. A pintura, o teatro, a dança e a música, elementos presentes nas culturas africanas, são práticas que permitem que os alunos explorem suas emoções e a expressão corporal, além de desenvolver habilidades cognitivas e motoras.

O educador Darcy Ribeiro (2019) afirmou em suas obras que a educação deve ser um processo de socialização da cultura. Ribeiro sugere que a valorização da cultura afro-brasileira na educação infantil pode ser realizada por meio da promoção de espaços de reflexão, nos quais as crianças possam explorar suas próprias identidades, discutir as diferenças culturais e aprender sobre a riqueza das diversas manifestações culturais presentes na sociedade brasileira.

A educação deve ser um espaço de convivência, onde as crianças são convidadas a compreender as contribuições de diferentes grupos étnicos e a reconhecer a importância da cultura afro-brasileira na construção do Brasil.

Mediante a arte, é possível transmitir mensagens de respeito, igualdade e celebração da diversidade. A utilização de elementos da cultura afro-brasileira nessas atividades, como os ritmos da música afro, os instrumentos típicos ou as narrativas orais, cria um espaço de imersão cultural onde as crianças não apenas aprendem, mas sentem a cultura em sua totalidade.

Uma das práticas pedagógicas que tem mostrado grande eficácia é o uso de contação de histórias e lendas afro-brasileiras. Essas histórias, passadas oralmente de geração em geração, são um tesouro da nossa cultura. Elas oferecem lições sobre respeito, sabedoria, luta e resistência, além de aproximar as crianças da tradição africana e afro-brasileira. Por meio dessas histórias, é possível trabalhar temas como a igualdade, a superação e a importância da valorização das culturas negras. Além disso, as histórias auxiliam no desenvolvimento da imaginação e da empatia, aspectos essenciais na formação de crianças mais críticas e conscientes.

Outra estratégia pedagógica relevante é a promoção de práticas de educação antirracista no ambiente escolar. Isso envolve não apenas o ensino dos conteúdos relacionados à história e cultura afro-brasileira, mas também a construção de um espaço escolar que seja verdadeiramente inclusivo, onde a discriminação racial e os preconceitos sejam combatidos ativamente.

A formação de professores para trabalhar esses temas é fundamental para que possam lidar com situações de racismo de maneira sensível e eficaz, além de ajudar a criar um ambiente de respeito e convivência harmônica entre todas as crianças, independentemente de sua cor, origem ou etnia.

Para que essas práticas pedagógicas se tornem realidade, a formação continuada dos professores é imprescindível. Muitos educadores, apesar de seu empenho, não receberam uma formação adequada sobre a história e cultura afro-brasileira em sua formação inicial. Por isso, a formação continuada, tanto teórica quanto prática, torna-se um caminho essencial para garantir que o currículo escolar seja realmente inclusivo e capaz de promover uma educação que respeite a diversidade.

Em Central do Maranhão, temos participado de formações periódicas oferecidas pela Secretaria Municipal de Educação, que proporcionam aos educadores as ferramentas necessárias para implementar essas estratégias pedagógicas com qualidade. A interação com a comunidade local também é uma estratégia pedagógica que fortalece o vínculo da escola com a cultura afro-brasileira.

Em nossas escolas, temos incentivado a participação da comunidade por meio das escutas de suas experiências, suas narrativas, pais e das famílias na promoção de eventos culturais, como apresentações de danças, exposições de arte, feiras de alimentos típicos e rodas de conversa sobre história e cultura afro-brasileira. Essa interação entre escola e comunidade cria um ambiente de aprendizagem mais rico e diversificado, além de promover o fortalecimento da identidade cultural das crianças e de suas famílias.

A tecnologia e os recursos audiovisuais também têm se mostrado ferramentas valiosas para promover o ensino da história e cultura afro-brasileira. Com o uso de vídeos, documentários, filmes e programas educativos, as crianças têm a oportunidade de aprender de forma dinâmica e interativa sobre as diferentes manifestações culturais afro-brasileiras, além de poderem vivenciar experiências de outras realidades e contextos, o que amplia sua visão de mundo.

É importante destacar que a implementação desses métodos pedagógicos requer um compromisso da gestão escolar e municipal. A Secretaria Municipal de Educação de Central do Maranhão tem desempenhado um papel fundamental no incentivo à adoção dessas práticas pedagógicas, promovendo capacitações regulares para os educadores, além de garantir que as escolas tenham os recursos necessários para implementar as atividades culturais.

A gestão municipal tem sido uma parceira essencial nesse processo, pois reconhece a importância de uma educação que valorize todas as culturas presentes no município e contribua para a construção de uma sociedade mais justa e igualitária. Por fim, os métodos pedagógicos aqui apresentados têm mostrado resultados positivos no desenvolvimento de crianças mais conscientes, empáticas e críticas em relação à questão racial.

A valorização da cultura afro-brasileira no cotidiano escolar tem sido um caminho para a construção de um futuro mais inclusivo, onde a igualdade racial será um valor intrínseco à formação de novos cidadãos. Acreditamos que, ao adotar essas práticas, estamos não apenas cumprindo as exigências legais, mas criando as bases para uma sociedade mais justa, onde as contribuições afro-brasileiras sejam reconhecidas e celebradas.

Sugestões de práticas pedagógicas:

- ***Exposição de Arte Afro-brasileira:*** organizar uma exposição de arte nas escolas, onde as crianças são convidadas a criar obras inspiradas nas manifestações artísticas afro-brasileiras e na cultura local. Elas exploram diferentes estilos e técnicas, como o uso de tecidos, cerâmica e pintura, que remetem às influências da África. As crianças aprendem sobre os mestres da arte afro-brasileira, como o pintor Abdias do Nascimento e o escultor Mestre Didi, e como a arte é uma forma de resistência e afirmação cultural.

- ***Roda de Conversa sobre Cultura Afro-brasileira:*** periodicamente, organizar rodas de conversa nas quais convidamos membros da comunidade afro-brasileira, como artistas locais ou líderes comunitários, para falar sobre suas experiências e compartilhar histórias relacionadas à cultura afro-brasileira. Durante essas rodas, as crianças têm a oportunidade de fazer perguntas, ouvir relatos e entender melhor o contexto histórico e social dos afrodescendentes no Brasil e da comunidade.

- ***Oficina de Música com Instrumentos Afro-brasileiros:*** em algumas aulas de música, fazer levantamento dos instrumentos musicais que os alunos conhecem ou utilizam em suas comunidades, apresentar aos alunos, instrumentos tradicionais afro-brasileiros, como o atabaque, o berimbau e o agogô. As crianças não apenas aprendem a tocar, mas também entendem o contexto cultural e espiritual desses instrumentos, que são essenciais em rituais religiosos e festas populares afro-brasileiras e de suas comunidades que, na sua maioria, são invisibilizados na escola.

- ***Datas comemorativas, Cultura Popular e Festas Tradicionais:*** trabalhar com os alunos para que compreendam a importância das festas tradicionais afro-brasileiras, como o Carnaval e o Dia da Consciência Negra, para o fortalecimento da identidade cultural. Durante essas comemorações, as crianças participam de atividades como confecção de fantasias, aprendizado de músicas e danças típicas, além de refletirem sobre o significado de cada festa no contexto afro-brasileiro.

- ***Projeto de Leitura de Livros com Personagens Afro-brasileiros:*** criar um clube do livro, no qual as crianças leem e discutem livros com personagens afro-brasileiros. Livros da Luanda Martins: *No balanço da Kyanda na pungada da coreira* (2023), *Na casa da vó Bá* (2022) e *Ayana e as flores de herança* (2024); *Querido estudante negro* (2024), livro por Bárbara Carine: *educando crianças antirracista* (2024), *História pretinha das coisas* (2022), livro por Kiusam de Oliveira: *O mundo no Black Power de Tayó* (2013); *Com qual penteado eu vou?* (2021), *Ọmọ-oba: histórias de princesas* (2009).

- ***Aulas e História Afro-brasileira com Foco na Escravidão:*** as crianças são introduzidas a conteúdos sobre o período da escravidão no Brasil, de forma que não apenas reforcem o sofrimento, mas também enfatizem a resistência e as formas de luta dos afro-brasileiros, como, por exemplo, o que de positivo os africanos trouxeram, como a intelectualidade. Isso é feito por meio de atividades interativas, como a encenação de cenas de resistência, como os quilombos, e o estudo de figuras históricas como Zumbi dos Palmares e Dandara. Recomenda-se o uso do livro *História preta das coisas*, de Barbara Carine.

- ***Atividades de Jardinagem com Plantas Típicas Africanas:*** incorporar a aprendizagem sobre a agricultura e as plantas típicas da cultura afro-brasileira. As crianças têm a oportunidade de plantar e cuidar de ervas e vegetais, como a mandioca, o quiabo, o milho e seus derivados, além de conhecer o dendê e a vinagreira, alimentos comuns na culinária afro-brasileira. Essa atividade é uma forma de as crianças se conectarem com a ancestralidade africana por meio do cultivo de alimentos que possuem grande valor cultural e simbólico.

- ***Teatro de Marionetes com Histórias Afro-brasileiras:*** introduzir o teatro de marionetes para contar histórias afro-brasileiras. As crianças ajudam a criar os bonecos e as narrativas, que podem ser inspiradas por figuras mitológicas africanas ou personagens históricos negros. Essa atividade torna o aprendizado lúdico e dinâmico, além de estimular a criatividade e a capacidade de contar histórias. Resgatar a história e confeccionar a boneca Abayomi.

- ***Prática de Expressão Corporal com Danças Africanas:*** nas aulas de educação física e expressão corporal, introduzem-se movimentos baseados em danças africanas, como o Ijexá e o Candomblé. As crianças aprendem sobre o significado dos movimentos e sua relação com a espiritualidade e os rituais da África e do Brasil. Isso contribui para o desenvolvimento da coordenação motora, além de ser uma forma de incorporar aspectos culturais ao cotidiano escolar.

- ***Aulas de Fotografia com Temática Afro-brasileira:*** desenvolver uma oficina de fotografia na qual as crianças sejam incentivadas a capturar imagens relacionadas à cultura afro-brasileira. Elas podem fotografar eventos, danças, pessoas e lugares que representem a identidade afro-brasileira, discutindo o significado cultural por trás das imagens e criando uma galeria que celebre a diversidade e a história afro-brasileira.

- ***Criando Máscaras e Adereços de Candomblé:*** as crianças têm a oportunidade de criar suas próprias máscaras e adereços inspirados nas representações simbólicas do Candomblé. Durante o processo de criação, discutimos o significado de cada elemento, como os orixás e suas representações visuais, promovendo uma compreensão mais profunda da religião afro-brasileira e sua importância cultural.

- ***Estudo das Raízes Africanas nas Línguas e Dialetos:*** durante as aulas de língua portuguesa, introduzir palavras e expressões oriundas dos dialetos africanos, como o Yoruba e o Kimbundu, que fazem parte do vocabulário afro-brasileiro. As crianças aprendem sobre a influência dessas línguas no português falado no Brasil e como essa herança linguística é uma forma de preservação da cultura africana. Incentivar a produção de dicionários com palavras utilizadas no cotidiano e que são de origem africana.

- ***Ações de Voluntariado com Comunidades Negras Locais:*** organizar atividades de voluntariado em que as crianças colaboram com comunidades e projetos afro-brasileiros da cidade, como visitas a espaços culturais e centros comunitários. Além de realizar atividades como limpeza e organização de espaços, as crianças também têm a oportunidade de aprender diretamente com os membros dessas comunidades sobre suas histórias e desafios.

- ***Jogos Interativos sobre História Afro-brasileira:*** utilizar jogos de tabuleiro e jogos digitais com temas afro-brasileiros, como quizzes sobre figuras históricas negras ou desafios de reconhecimento de músicas e danças afro-

-brasileiras. Por meio dessas dinâmicas, as crianças se divertem enquanto aprendem sobre a cultura afro de forma interativa e envolvente.

- ***Encontros de Troca Cultural com Escolas da Comunidade Afro:*** organizar encontros com escolas locais da comunidade afrodescendente, onde as crianças podem trocar experiências culturais, cantar, dançar e aprender juntas. Essas trocas de experiências entre escolas promovem a integração e o fortalecimento de uma identidade cultural comum, além de construir uma rede de apoio e solidariedade entre as crianças e suas famílias.

A postura do educador nas atividades que valorizam a cultura afro-brasileira é fundamental para garantir que os objetivos pedagógicos sejam alcançados de maneira respeitosa, enriquecedora e significativa. O/a educador/a deve ser, antes de tudo, um mediador cultural, capaz de criar um ambiente de aprendizagem onde a diversidade seja acolhida e celebrada. Ele precisa estar atento às sensibilidades dos alunos e promover uma abordagem inclusiva, que respeite e valorize as culturas afro-brasileiras sem estigmatizar ou exotizar.

Ao trabalhar com temas relacionados à cultura afro-brasileira, o/a educador/a deve manter uma postura reflexiva e questionadora, sendo capaz de identificar e combater estereótipos e preconceitos que possam surgir no ambiente escolar. Isso envolve a construção de um espaço seguro, onde os alunos possam se expressar, perguntar e aprender sem medo de serem julgados ou desrespeitados.

O/a educador/a também deve se envolver em discussões sobre a importância da cultura afro na formação da identidade brasileira e ajudar as crianças a compreenderem que essa cultura é parte integrante e essencial do nosso patrimônio. Além disso, é fundamental que o educador esteja constantemente em busca de formação continuada para aprimorar seus conhecimentos sobre a história, a cultura e as tradições afro-brasileiras. Participar de cursos, palestras, oficinas e ler materiais atualizados são atitudes que permitem ao educador desenvolver uma compreensão mais aprofundada dos temas abordados e das melhores práticas pedagógicas para trabalhá-los em sala de aula.

Essa postura de aprendizado contínuo é essencial, pois a educação sobre a cultura afro-brasileira vai além do conteúdo acadêmico; trata-se de uma vivência constante e de uma atitude comprometida com a promoção da equidade racial. O/a educador/a também deve ser um exemplo de respeito e empatia para os alunos, demonstrando, por meio de suas ações e palavras, o valor da diversidade.

Ele deve encorajar os alunos a expressarem suas próprias culturas e histórias, promovendo um ambiente de troca e compartilhamento. Quando um educador adota uma postura positiva e afirmativa em relação à cultura afro-brasileira, serve de modelo para as crianças, incentivando-as a se valorizarem e a se orgulharem de suas identidades.

Uma outra postura importante do educador é o diálogo constante com as famílias. A valorização da cultura afro-brasileira não se limita à sala de aula; ela deve fazer parte do cotidiano dos alunos, o que exige uma parceria entre escola e família. O educador pode organizar atividades que envolvam os pais, como oficinas de culinária afro-brasileira ou apresentações de danças, de modo que os alunos se sintam apoiados em sua vivência cultural tanto na escola quanto em casa.

O envolvimento familiar fortalece o aprendizado e garante que a cultura afro seja celebrada de forma contínua, sem ser relegada a momentos específicos do calendário escolar.

O/a educador/a também deve manter uma postura flexível e criativa, adaptando-se às necessidades e interesses dos alunos para tornar as atividades mais significativas. Isso pode envolver, por exemplo, a adaptação de conteúdos para diferentes idades ou a incorporação de novas tecnologias e mídias que atraiam a atenção das crianças e as envolvam no processo de aprendizagem. Ao utilizar diferentes metodologias e recursos, o/a educador/a torna o ensino da cultura afro-brasileira uma experiência dinâmica e envolvente.

Por fim, o docente precisa ser sensível aos aspectos emocionais e sociais das crianças ao abordar temas como a escravidão, o racismo e as desigualdades sociais. Esses são temas delicados e exigem uma abordagem cuidadosa, que permita às crianças compreenderem as questões históricas e sociais de forma crítica, mas também de maneira que promova a autoestima e o respeito próprio. O/a educador/a deve estar preparado para lidar com as reações emocionais dos alunos, criando um ambiente de confiança onde todos possam expressar suas inquietações e sentimentos sem medo de julgamentos.

Por fim, a educadora e filósofa Marília L. A. Cardoso (2009) propõe que, para a valorização da cultura afro-brasileira na educação infantil, é essencial que as crianças sejam incentivadas a participar ativamente da construção de um ambiente escolar que celebre a diversidade. Cardoso (2009) defende que, por meio de atividades como rodas de conversa, apresentações culturais e a criação de espaços de expressão artística, como o teatro e a música, as crianças podem ser protagonistas no processo de valorização das culturas afro-brasileiras.

A proposta de Cardoso (2009) é que a escola seja um espaço onde as crianças possam não apenas aprender sobre as culturas afro-brasileiras, mas também vivenciá-las e reconhecê-las como parte de sua identidade, contribuindo para a formação de uma sociedade mais igualitária e respeitosa.

VALORIZANDO A CULTURA AFRO NO COTIDIANO ESCOLAR

Para mim, uma pessoa negra que tem consciência de sua negritude está na luta contra o racismo.

(Lélia Gonzalez)

A valorização da cultura afro no cotidiano escolar é um passo essencial para a construção de uma sociedade mais justa e igualitária. Em Central do Maranhão, a integração dessa temática nas práticas pedagógicas tem sido vista como uma oportunidade para transformar o ambiente educacional e promover o respeito à diversidade desde a infância.

A educação, enquanto ferramenta de transformação social, desempenha um papel central na desconstrução de estereótipos e no combate ao racismo. Isso só é possível quando a história e a cultura afro-brasileira são reconhecidas e valorizadas de forma permanente no processo educativo.

Esta é uma estratégia fundamental para promover a inclusão e o respeito à diversidade desde a infância. A pesquisadora e educadora Ângela Davis (2016) defende que as escolas devem ser espaços onde todas as culturas, especialmente a afro-brasileira, sejam integradas de maneira constante ao ambiente de aprendizagem.

Davis (2016) sugere que, para que isso aconteça, é necessário que a escola adote práticas pedagógicas que não apenas tratem das questões raciais em datas específicas, mas que a cultura afro-brasileira seja parte do dia a dia dos estudantes. Ela propõe que as escolas adotem uma abordagem que inclua música, dança, literatura, culinária e outras manifestações culturais afro-brasileiras de forma natural e cotidiana no currículo escolar.

Valorizando a cultura afro no contexto escolar, não se trata apenas de cumprir uma obrigação legal, mas de proporcionar aos alunos a possibilidade de se verem refletidos nos conteúdos abordados em sala de aula. Para crianças afrodescendentes, esse reconhecimento é fundamental para a construção de uma identidade positiva, livre de preconceitos e estigmas. A presença da cultura afro no cotidiano escolar permite que os alunos tenham orgulho de suas raízes e compreendam sua importância na formação da sociedade brasileira.

A implementação efetiva da Lei n.º 10.639/03, que torna obrigatório o ensino da história e cultura afro-brasileira nas escolas, tem demonstrado que o currículo não precisa ser rígido ou limitado. Pelo contrário, é possível inovar e integrar esses conteúdos de forma transversal, de modo que se relacionem com diversas áreas do conhecimento. Por exemplo, temas da história afro-brasileira podem ser explorados não apenas nas aulas de História, mas também nas de Arte, Literatura, Música e até mesmo nas Ciências, criando uma abordagem interdisciplinar que enriquece o aprendizado.

A pedagoga e pesquisadora Eliane Cavalleiro (2002) também destaca a importância de integrar a cultura afro-brasileira às práticas diárias da escola. Cavalleiro propõe que o currículo escolar seja revisado para incluir não apenas o estudo da história e das contribuições dos afrodescendentes, mas também práticas cotidianas que celebrem essa cultura.

Ela sugere, por exemplo, a utilização de contação de histórias e a leitura de livros de autores afro-brasileiros, a organização de eventos culturais que celebrem as diversas manifestações afro-brasileiras e a promoção de atividades artísticas, como música e dança. Para Cavalleiro (2002), a valorização da cultura afro no cotidiano escolar deve ser uma prática permanente, refletida nas atitudes, nas interações e nos conteúdos abordados com as crianças.

Uma das estratégias mais eficazes para valorizar a cultura afro no cotidiano escolar é a realização de atividades práticas e culturais que envolvam diretamente os alunos. Oficinas de dança, música, culinária e arte afro-brasileira são formas de proporcionar experiências que vão além do conteúdo teórico. Essas atividades ajudam os alunos a compreender melhor os conceitos estudados, tornando o aprendizado mais significativo e prazeroso.

Além disso, elas promovem um ambiente escolar mais dinâmico e interativo, no qual os alunos se sentem mais conectados ao conteúdo e à cultura abordada. Outro aspecto relevante para a valorização da cultura afro nas escolas é a utilização de materiais didáticos que representem a diversidade étnica de forma justa e precisa. Em muitas escolas, os livros didáticos e outros recursos pedagógicos ainda falham em incluir personagens, histórias e referências afro-brasileiras de forma adequada.

Em Central do Maranhão, a busca por materiais didáticos mais inclusivos tem sido um esforço contínuo, com o objetivo de proporcionar aos alunos representações mais diversas da realidade brasileira. A utilização desses materiais contribui para que todos os alunos, independentemente de sua etnia, possam se identificar com o que é ensinado em sala de aula.

Além disso, é fundamental que os educadores estejam preparados para lidar com questões raciais e culturais de forma sensível e respeitosa. Isso exige, mais uma vez, uma formação contínua que permita aos professores compreender as especificidades da cultura afro-brasileira, desmistificar preconceitos e adotar práticas pedagógicas que promovam a igualdade racial. Ainda, diversas iniciativas têm sido realizadas para garantir que os professores recebam essa formação, como cursos, palestras e workshops, além de troca de experiências com especialistas no tema.

A valorização da cultura afro no cotidiano escolar também envolve a construção de um ambiente inclusivo, onde as diferenças sejam respeitadas e celebradas. Isso significa que as escolas devem estar preparadas para lidar com as diversidades étnicas, culturais, religiosas e sociais de seus/suas alunos/as, promovendo uma convivência harmoniosa.

A convivência com a diversidade no ambiente escolar ajuda a formar cidadãos mais conscientes, críticos e preparados para lidar com os desafios de uma sociedade plural. Para garantir a efetividade dessas ações, é importante que a comunidade escolar, como um todo, esteja engajada no processo de valorização da cultura afro.

A educadora e pesquisadora Neusa Santos Souza (2010) propõe que a valorização da cultura afro-brasileira no ambiente escolar também envolva um trabalho consciente de formação dos educadores. Souza acredita que os professores, ao conhecerem e respeitarem as culturas afro-brasileiras, podem integrar de maneira mais efetiva esses conteúdos em suas práticas pedagógicas.

Ela defende que, ao estudar a história afro-brasileira, os professores podem incorporar elementos dessa cultura aos temas abordados em sala de aula, como, por exemplo, associando conhecimentos de matemática e ciências com saberes tradicionais afro-brasileiros. Isso não só enriquece o ensino, mas também contribui para uma educação mais plural, que respeita e valoriza as diversas origens culturais dos alunos.

Pais, alunos, gestores e educadores precisam estar comprometidos com o objetivo de promover a igualdade racial e a inclusão. Em Central do Maranhão, tem-se observado um esforço coletivo nesse sentido, com a participação de famílias e comunidades locais em eventos culturais, debates e outras iniciativas que envolvem a história e cultura afro-brasileira. A escola, portanto, não pode ser vista isoladamente, mas como parte de um esforço conjunto para construir uma sociedade mais inclusiva.

A valorização da cultura afro-brasileira nas escolas também está diretamente relacionada ao combate ao racismo. Ao ensinar a história e as contribuições dos afro-brasileiros, os educadores ajudam a desconstruir estereótipos e preconceitos que perpetuam a desigualdade racial. O reconhecimento das diversas culturas presentes no Brasil contribui para que as crianças desenvolvam uma visão mais ampla e justa da sociedade, na qual todas as culturas têm seu valor e merecem respeito.

Paulo Freire (2019) acreditava que a educação deve ser um processo de conscientização e emancipação, no qual as crianças sejam incentivadas a refletir sobre sua realidade e a construir uma visão crítica do mundo. Freire enfatizava a importância de integrar as culturas locais e as experiências dos estudantes no processo educativo.

Nesse contexto, ele propôs que as escolas se tornassem espaços de diálogo entre as diversas culturas, criando um ambiente de aprendizado relevante para a realidade das crianças. No caso da cultura afro-brasileira, isso significa incluir, no cotidiano escolar, discussões sobre a presença africana na formação do Brasil, bem como atividades que permitam aos estudantes apropriar-se dessas culturas de maneira ativa e participativa.

No entanto, essa valorização não deve ser vista como um esforço pontual ou apenas focado em datas comemorativas, como o Dia da Consciência Negra. A cultura afro-brasileira precisa ser integrada de forma contínua ao currículo escolar, sendo discutida e abordada ao longo do ano, em diversas disciplinas e em diferentes contextos. A valorização da cultura afro deve ser uma prática constante e não uma ação isolada.

Outro ponto importante é a promoção de parcerias com a comunidade afro-brasileira local, o que tem sido um esforço crescente em Central do Maranhão. Essas parcerias podem envolver a realização de atividades culturais, como apresentações de grupos de dança, rodas de conversa sobre a história local e até mesmo visitas a espaços culturais que celebram a história afro-brasileira.

Essas ações não apenas enriquecem o aprendizado, mas também fortalecem os laços entre a escola e a comunidade, promovendo o sentimento de pertencimento e identidade. As escolas de Central do Maranhão têm se empenhado para garantir que o ensino da história e cultura afro-brasileira seja inclusivo e plural, representando não apenas a cultura afro, mas também a diversidade de experiências e histórias que compõem a sociedade brasileira.

Isso significa que a escola deve estar atenta às diferentes manifestações culturais e étnicas presentes em seu ambiente, promovendo o respeito e a valorização das diversas identidades. A valorização da cultura afro-brasileira nas escolas de Central do Maranhão tem, portanto, um impacto significativo na formação das crianças. Ao aprender sobre suas próprias raízes e sobre as contribuições dos afro-brasileiros para a sociedade, as crianças desenvolvem uma autoestima mais elevada e um senso de pertencimento mais forte. Isso, por sua vez, contribui para a construção de uma sociedade mais justa, em que as diferenças são respeitadas e celebradas, e onde a igualdade racial é efetivamente alcançada.

O trabalho de valorização da cultura afro-brasileira no cotidiano escolar não se limita ao esforço dos educadores e gestores escolares. Toda a comunidade escolar, incluindo alunos, pais e colaboradores, deve estar envolvida nesse processo. A promoção de um ambiente inclusivo e acolhedor para todas as culturas e etnias é um esforço coletivo que exige o comprometimento de todos os envolvidos, com a compreensão de que a escola desempenha um papel transformador na formação de cidadãos conscientes e engajados na construção de uma sociedade mais igualitária.

Com essas ações contínuas e colaborativas, a Central do Maranhão está caminhando em direção a um futuro mais inclusivo e equitativo, onde a história e a cultura afro-brasileira são plenamente reconhecidas e celebradas. O trabalho de valorização da cultura afro nas escolas é, portanto, um investimento no futuro das novas gerações, que terão a oportunidade de crescer em um ambiente onde a diversidade é não apenas reconhecida, mas também respeitada e valorizada.

A pedagoga e pesquisadora Kelli Rodrigues (2018), conhecida por seu trabalho em educação infantil e diversidade cultural, sugere que uma maneira eficaz de valorizar a cultura afro no cotidiano escolar é por meio de práticas pedagógicas que favoreçam o aprendizado ativo e a vivência cultural.

Rodrigues (2018) defende que as crianças devem ter acesso a materiais didáticos que contemplem a cultura afro-brasileira, como livros, vídeos e músicas, e serem incentivadas a participar de atividades lúdicas, como a construção de instrumentos musicais ou a realização de apresentações culturais. Ela acredita que essas práticas não só promovem a valorização da cultura afro-brasileira, mas também ajudam as crianças a desenvolver uma visão mais ampla e inclusiva da sociedade, respeitando as diferentes origens culturais e étnicas que compõem o Brasil.

ÚLTIMOS APONTAMENTOS

Como autores deste livro, refletimos sobre a importância da valorização da história e cultura afro-brasileira no cotidiano escolar, especialmente nas escolas de Central do Maranhão. Nosso trabalho de educadores/as tem se pautado pelo entendimento de que a educação é um dos instrumentos mais poderosos na construção de uma sociedade mais justa e igualitária, e que a valorização das culturas afro-brasileiras é essencial para a formação integral de nossas crianças.

Ao longo de nossa jornada, observamos que a inclusão de temas ligados à história da África, à diáspora africana e à contribuição dos afro-brasileiros para a construção da sociedade brasileira não é apenas uma exigência da legislação, mas uma oportunidade de transformação real no ambiente escolar. Desde o momento em que as crianças entram na escola, elas precisam ser apresentadas à riqueza da diversidade cultural brasileira.

A história e a cultura afro-brasileira são, portanto, fundamentais para a construção da identidade dos alunos, principalmente daqueles que têm raízes afrodescendentes.

A importância desse trabalho vai além do cumprimento de normas e diretrizes. Quando as crianças aprendem sobre sua própria história e se veem representadas nos conteúdos que estudam, isso contribui para o fortalecimento da autoestima e da identidade. Em nossas escolas, temos observado o impacto positivo que a valorização da cultura afro tem sobre as crianças afro-brasileiras, que passam a se perceber como parte fundamental da sociedade e da construção da nação.

Para elas, a história não começa com a escravidão, mas com a riqueza cultural de seus ancestrais. Quando vemos essas crianças se orgulharem de suas raízes e aprenderem sobre suas origens de maneira digna, percebemos o quanto essa valorização pode transformar a forma como elas se relacionam com o mundo e consigo mesmas.

Por outro lado, também é importante frisar que a valorização da cultura afro nas escolas não se limita apenas aos alunos afrodescendentes. O aprendizado sobre a história afro-brasileira, as contribuições de africanos e afro-brasileiros para o país, os movimentos sociais e a luta pela igualdade racial devem ser experiências compartilhadas por todos os alunos. Isso contribui para a formação de cidadãos mais conscientes, que respeitam as diferenças e que entendem a importância da convivência harmônica e inclusiva em uma sociedade plural.

Entendemos que a mudança que buscamos não é algo imediato, mas que exige um esforço contínuo. É um processo que deve começar na educação infantil e se estender por toda a trajetória escolar das crianças. A cultura afro-brasileira não deve ser tratada como um tema pontual, abordado apenas em algumas datas comemorativas, como o Dia da Consciência Negra.

Ela deve estar presente ao longo do ano, permeando todas as disciplinas e sendo trabalhada de forma integrada ao currículo escolar. Esse trabalho precisa ser contínuo e transversal, para que os alunos compreendam a relevância desses temas em todas as esferas do conhecimento.

Para que esse processo seja eficaz, a formação contínua dos professores é um dos pilares fundamentais. Em nossa experiência, sabemos que os educadores desempenham um papel crucial na inclusão da cultura afro no currículo. No entanto, a maioria dos professores que atuam nas escolas públicas não recebe uma formação adequada sobre a história e cultura afro-brasileira durante sua formação inicial.

Por isso, a formação continuada é uma estratégia essencial para garantir que os professores estejam preparados para lidar com temas relacionados à diversidade racial e étnica. Ela oferece aos educadores a oportunidade de aprofundar seus conhecimentos sobre a cultura afro-brasileira e refletir sobre suas práticas pedagógicas. Além disso, proporciona aos professores ferramentas e estratégias para tornar o ensino mais inclusivo e lidar com questões sensíveis, como o racismo, dentro da sala de aula.

Em Central do Maranhão, temos observado que as formações oferecidas pela Secretaria Municipal de Educação têm contribuído significativamente para o desenvolvimento de práticas pedagógicas mais inclusivas. Esses programas de capacitação envolvem tanto o aspecto teórico quanto o prático, com a inclusão de atividades culturais, oficinas de arte e educação antirracista.

Esses cursos e workshops são essenciais para os educadores, que muitas vezes não têm acesso a esse tipo de formação em suas universidades. A formação continuada permite que os professores se atualizem sobre novas abordagens pedagógicas e ampliem suas competências para tratar de questões raciais com mais sensibilidade e respeito. A formação também ajuda a desconstruir preconceitos enraizados e evita que os professores, sem perceber, reproduzam estereótipos em suas práticas.

Além disso, são imprescindíveis o apoio e o incentivo da gestão municipal para que esse processo seja bem-sucedido. O município de Central tem demonstrado compromisso com a educação de qualidade e inclusão, criando políticas públicas voltadas para a valorização da cultura afro nas escolas.

A Secretaria Municipal de Educação tem investido em capacitação para os professores, na produção de materiais didáticos inclusivos e no desenvolvimento de atividades extracurriculares que promovem o reconhecimento e o respeito pela cultura afro-brasileira.

O incentivo municipal é essencial para garantir que a valorização da cultura afro seja não apenas uma iniciativa isolada, mas um movimento integrado dentro de todo o sistema educacional. O município tem sido uma peça-chave na implementação de programas que fortalecem a identidade dos/as alunos/as afrodescendentes e promovem a igualdade racial nas escolas.

O investimento em infraestrutura, como a criação de espaços culturais dentro das escolas, bem como a inclusão de livros e recursos pedagógicos que abordam de forma crítica e respeitosa a história e cultura afro-brasileira, são exemplos de como a gestão municipal pode colaborar para a construção de um currículo mais inclusivo.

Outro ponto importante é a participação ativa da comunidade escolar. As famílias, os alunos e os gestores têm se unido para criar um ambiente educacional mais inclusivo, com ações que vão desde a realização de eventos culturais até o incentivo a práticas pedagógicas que estimulem o respeito e a valorização da diversidade. A colaboração entre a escola e a comunidade fortalece ainda mais o compromisso com a educação antirracista e com a promoção da cultura afro-brasileira.

Por fim, a valorização da cultura afro no cotidiano escolar é um investimento no futuro de nossas crianças. Ao promover uma educação que respeita e valoriza as diferentes culturas presentes no Brasil, estamos preparando os alunos para uma vida mais justa, na qual o respeito à diversidade e à igualdade racial sejam valores fundamentais. Quando as crianças compreendem desde cedo a importância de respeitar e valorizar as diferenças, tornam-se cidadãos mais conscientes e comprometidos com a construção de uma sociedade mais inclusiva e igualitária.

Estamos convictos de que as ações de valorização da cultura afro-brasileira nas escolas de Central do Maranhão podem inspirar outras cidades e comunidades a seguir o mesmo caminho, criando um movimento cada vez mais forte de reconhecimento da importância da história e cultura afro-brasileira para a formação dos cidadãos do futuro.

REFERÊNCIAS

ASANTE, Molefi Kete. *A afrocentricidade*: a teoria social do deslocamento do centro. Tradução de Maria Aparecida da Silva Bento. São Paulo: Sankofa, 2009.

BRASIL. *Lei n.º 10.639, de 9 de janeiro de 2003*. Altera a Lei 9394 de 20 de dezembro de 1996, que estabelece as diretrizes e bases da educação nacional. Para incluir no currículo oficial da rede de ensino a obrigatoriedade da temática: História e cultura afro-Brasileira, e dá outras providencias. Brasília: Casa Civil, 2003. Disponível em: https://www.planalto.gov.br/ccivil_03/leis/2003/l10.639.htm. Acesso em: 21 jul. 2025.

BRASIL. Ministério da Educação. *Diretrizes Curriculares Nacionais para a Educação das Relações Étnico-Raciais e para o Ensino de História e Cultura Afro-Brasileira e Africana*. Brasília: MEC, 2004.

BRASIL. Ministério da Educação. Conselho Nacional de Educação. *Diretrizes Curriculares Nacionais para Educação Escolar Quilombola*. Brasília: MEC, 2012.

CARDOSO, Marília L. A. *A pedagogia da diversidade*. Campinas: Autores Associados, 2009.

CARVALHO, Marília Pinto de. Gênero, raça e avaliação escolar: um estudo com alfabetizadoras. *Cadernos de Pesquisa*, v. 39, p. 837-866, 2009.

CARVALHO, Marília Pinto de. O fracasso escolar de meninos e meninas: articulações entre gênero e cor/raça. *cadernos pagu*, v. 22, p. 247-290, 2004.

CARVALHO, Marília Pinto de. *Diferenças e desigualdades na escola*. Papirus Editora, 2013.

CARNEIRO, Sueli. *Racismo, um problema de direitos humanos*. São Paulo: XYZ, 2010.

CAVALLEIRO, Eliane. *Racismo e educação*: o que se deve saber. São Paulo: Cortez, 2002.

CAVALEIRO, Eliane dos Santos. *Do silêncio do lar ao silêncio escolar*: racismo, preconceito e discriminação na educação infantil. 6. ed. São Paulo: Contexto, 2012.

DAVIS, Angela. *Mulheres, raça e classe*. São Paulo: Boitempo, 2016.

FREIRE, Paulo. *Pedagogia do oprimido*. 50. ed. Rio de Janeiro: Paz e Terra, 2019.

GOMES, Flávio dos Santos. *A história afro-brasileira*. São Paulo: Selo Negro, 2017.

GOMES, Nilma Lino. Relações Étnico-Raciais, Educação e Descolonização Dos Currículos. *Currículo sem Fronteiras*, v. 12, n. 1, p. 98-109, jan./abr. 2012. Disponível em: http://www.apeoesp.org.br/sistema/ck/files/5_Gomes_N%20L_Rel_etnico_raciais_educ%20e%20descolonizacao%20do%20curriculo.pdf. Acesso em: 5 jul. 2023.

GOMES, Nilma Lino. *Educação, racismo e identidade*. 2. ed. São Paulo: Lote 42, 2016.

GONZALEZ, Lélia. *A dialética simbólica*: estudos de psicologia social. Rio de Janeiro: Vozes, 2005.

GOMES, Nilma Lino. *O movimento negro educador:* Saberes construídos nas lutas por emancipação. Belo Horizonte: Autêntica, 2017.

MUNANGA, Kabenguele (org.). *Superando o racismo na escola*. Brasília: MEC, 2005.

RIBEIRO, Darcy. *O povo brasileiro*. 15. ed. Rio de Janeiro: Companhia das Letras, 2019.

RODRIGUES, Kelli. *Educação infantil e diversidade*. São Paulo: Editora do Brasil, 2018.

ROMÃO, Jeruse. O educador, a educação e a construção de uma auto-estima positiva no educando negro. *In*: CAVALLEIRO, Eliane (org.). *Racismo e anti-racismo na educação*: repensando a escola. São Paulo: Summus, 2021. p. 161-178.

PEREIRA, Luena Nascimento Nunes *et al.* Identidade nacional e negritude nas histórias infanto-juvenis. *Revista da Associação Brasileira de Pesquisadores/as Negros/as (ABPN)*, v. 12, n. 33, p. 431-455, 2020.

PEREIRA, Luena Nascimento Nunes. Literatura Negra Infanto-Juvenil: Discursos afro-brasileiros em construção. *Intersecoes*: Revista de Estudios Interdisciplinares, v. 18, n. 2, p. 431-457, 2016.

PEREIRA, Luena Nascimento Nunes; AGUIAR, Thais Teixeira. As religiões de matriz africana na literatura infanto-juvenil. *Revista Calundu*, v. 5, n. 2, p. 121-147, 2021.

PETIT, Sandra Haydée. Práticas pedagógicas para a Lei n. 10.639/2003: a criação de nova abordagem de formação na perspectiva das africanidades. *In*: OLIVEIRA, J. M. (org.). Trajeto das Africanidades em Educação. *Educação em Foco,* v. 21, n. 3, p. 657-684.

PINHEIRO, Bárbara Carine Soares. *Como ser um educador antirracista.* São Paulo: Planeta do Brasil, 2023.

RIBEIRO, Darcy. *O povo brasileiro.* 15. ed. Rio de Janeiro: Editora Com panhia das Letras, 2019.

RODRIGUES, Kelli. *Educação infantil e diversidade.* 1. ed. São Paulo: Editora do Brasil, 2018.

SANTOS, Clenia de Jesus Pereira dos. *Reflexões epistêmicas sobre identidade negra no contexto escolar.* Curitiba: Appris, 2021.

SAVIANI, Dermeval. *Escola e democracia.* 42. ed. Campinas: Autores Associados, 2015.

SILVA, Maria Lúcia da. *Relações Raciais:* Referencias Técnicas para atuação de psicólogos/as. São Paulo: Instituto AMMA: Imprensa Oficial do Estado de São Paulo, 2008.

SILVA, Petronilha Beatriz Gonçalves. Aprendizagem e Ensino das Africanidades Brasileiras. *In*: MUNANGA, Kabengele (org.). *Superando o Racismo na Escola.* 2. ed. Brasília: MEC, 2005. p. 101-115.

SILVA, Petronilha Beatriz Gonçalves e. Educação das Relações Étnico-Raciais nas instituições escolares. *Educar em Revista*, v. 34, n. 69, p. 123-150, 2018.

SILVÉRIO, Valter Roberto *et al.* *Educação e ações afirmativas*: entre a injustiça simbólica e a injustiça econômica. Brasília: Instituto Nacional de Estudos e Pesquisas Educacionais Anísio Teixeira, 2003.

SILVERIO, Valter Roberto. Ação afirmativa e o combate ao racismo institucional no Brasil. *Cadernos de pesquisa*, n. 117, p. 219-246, 2002.

SILVÉRIO, Valter Roberto. *O papel das ações afirmativas em contextos racializados*: algumas anotações sobre o debate brasileiro. Educação e ações afirmativas: entre a injustiça simbólica e a injustiça econômica. Brasília, DF: INEP, 2003.

SOUZA, Maria Auxiliadora de. *Educação intercultural*: desafios e possibilidades. São Paulo: Editora Unesp, 2014.

SOUZA, Neusa Santos. *Racismo*: teoria e prática. São Paulo: Editora Ática, 2010.

SOUZA, Maria Auxiliadora de. *Educação intercultural*: desafios e possibilidades. São Paulo: Editora Unesp, 2014.

SOUZA, Neusa Santos. *Racismo*: teoria e prática. São Paulo: Ática, 2010.